DIE »DÄNEN« IN DEUTSCHLAND
Jens Nydahl (1883-1967) und das Schulrecht für die dänische Minderheit

ドイツの中の
《デンマーク人》

ニュダールとデンマーク系少数者教育

小峰総一郎

学文社

はじめに

　一昨年，2005年は，第二次世界大戦終結60周年だった。戦争に加わった世代が次第に世を去り，戦場の悲惨さを知る世代の多くの人にとっては，恐らく最後の節目の10年になるだろうと言われている。

　その2005年に，私はドイツ・ベルリンに研究滞在して，敗戦後ドイツの教育問題と向き合うこととなった。

　私はこれまで，ドイツのワイマール時代，ベルリンにおける**新教育運動**（Reformpädagogik, reformpädagogische Bewegung）を研究してきたのであるが，今回の研究滞在において，私は，「ベルリン新教育とドイツ内外における新教育運動との関連構造の究明」をテーマに設定した。そして，このことをベルリン新教育運動の「後史」（Wirkungsgeschichte）研究を通して明らかにしようと調査をすすめる過程で，本書の主題である「**敗戦後ドイツにおけるデンマーク系少数民族の教育問題**」に逢着したのである。

　このことをもう少し詳しく説明しよう。私は，先の『ベルリン新教育の研究』（風間書房，2002年）において，「ベルリン新教育」の思想と展開，また，それを推進した都市自治態勢，学校内外における教育実践，ならびに実践相互の関係，を究明して「ベルリン新教育」の全体像を描いてみたのであるが，その際にベルリン新教育のキー・パーソンが特に注目された。例えば，ハンブルクの新教育をベルリンに継受させた，協同体学校推進者でベルリン市教育長となるヴィルヘルム・パウルゼン（Wilhelm Paulsen, 1875-1943）。また，ベルリンのギムナジウム新教育を中等教育の統合化として展開し，ナチス政権によってギムナジウム校長職を追われアメリカに亡命，戦後，アメリカ占領軍の一員となって故国の教育再建に加わるフリッツ・カルゼン（Fritz Karsen, 1885-1951）。そして，青年運動を教育実践の中に貫く「シャルフェンベルク島学校

農園」を主宰し，戦後，ベルリン教育大学を設立運営していくヴィルヘルム・ブルーメ (Wilhelm Blume, 1884-1970)。さらには，シュレジエンのポーランド人同化政策を推進し，後に，プロイセン文部参事官となって中等教育のドイツ主義的改革をすすめたハンス・リヒャート (Hans Richert, 1869-1940)。これら，ベルリン新教育の推進者たちは，時代に抗し，あるいは時代の「要請」を先取りして個性的な実践ないし政策をすすめた。それらいずれもが，じつに魅力的な研究対象を現出させているのである。

そして，それらの結節点に位置付き，私がベルリン新教育の展開にとって見落とすことができないと考える人物が，ベルリン市教育長として教育行政の立場からベルリン新教育を推進したイェンス・ニュダール (Jens Nydahl, 1883-1967) である。ニュダール自身かつて教員であり，彼はワイマール革命後若くしてベルリンの福音派国民学校の校長，また，視学となり，1920年に統合した新生「大ベルリン」(Großberlin) の教育行政においては教育長として，新教育思想を自らの立脚点としてこれを人事，財政，学校建築，また，都市行政の上から支援，推進したのである。しかし，このワイマール共和国時代に新教育に対する深い理解と識見を備え，また，格段の行政手腕を発揮してベルリン新教育を推進したニュダールであったが，その戦後史はヴェールに包まれていた。私は，このニュダールの戦後史を解明することを通して，ベルリン新教育の戦後教育との継受接続の問題を究明しようとしたのである。

じつはニュダールは，戦後，新生シュレスヴィヒ・ホルシュタイン政府に請われてベルリン・テンペルホフ区長を辞し，同政府の文部省長官となって，ドイツ・デンマーク国境地方に赴いたのである。だが，このシュレスヴィヒ・ホルシュタインという地は，当時英国占領軍の統治下で，州内には，第二次大戦中に戦火を逃れて押し寄せた「疎開者」と，大戦後に「東方」を追放された100万人の「東方被追放者」が「避難民」となってひしめき，また，敗戦と共に武装解除された敗残ドイツ兵が，これまた100万人近くの大群となって収用されるという，未曾有の「混乱」の真っ只中だった。敗戦で人々に食料，住

居,労働,そして生きる希望が失われ,地元民と外来者との緊張は極度に高まった。そしてこのような状況下で「地元民」の中の「**デンマーク系少数者**」は,シュレスヴィヒ(少数者の謂う「**南シュレスヴィヒ**」)のデンマーク「復帰」とデンマーク語・デンマーク文化の民族教育を強力に求めていたのであった。

　一体に,そもそもこの「**シュレスヴィヒ**」という地はかつてはデンマークに所属していて,それをプロイセン・ドイツが,1864年の「ドイツ・デンマーク戦争」ならびに1866年「ドイツ・オーストリア戦争」の勝利の上に,1867年,シュレスヴィヒ・ホルシュタイン全体をプロイセンの州(Provinz)とし,のち,1871年には「ドイツ帝国」へ「併合」した土地だった。したがってこの地にはデンマーク人ならびにデンマークを「祖国」と考える「デンマーク心の住民」が相当数いて,人口の1～2割程度を占めていたのだった(今日では約5万人ほど)。だが,第一次世界大戦後1920年の「国民投票」によって,「シュレスヴィヒ」の北部部分(「**北シュレスヴィヒ**」)はデンマークに「復帰」していたのである。このような歴史をもつシュレスヴィヒの「戦後混乱」の中で,この地の「デンマーク系少数者」は,自身を「デンマーク人」と宣言し,デンマーク民族団体に加入する「**新デンマーク運動**」を展開して,「南シュレスヴィヒ」のデンマーク復帰と少数者の政治的・文化的権利の擁護,教育権の保障――特に,デンマーク語を授業言語とする公立学校の存続と資格認定,私立学校への国庫補助――を,強力に求めていた。この状況下に,ニュダールは,はじめは文部省長官,次いでシュレスヴィヒ問題特任大臣ともいうべき「**シュレスヴィヒ全権委員**」となって,彼らの市民的権利保障,ならびに教育権保障の問題に取り組んだのである。じつは,そもそもニュダールは,1920年の国民投票でデンマークに「復帰」した「北シュレスヴィヒ」を故郷とする「シュレスヴィヒ人」であったのだ。

　「シュレスヴィヒ問題」に対して占領軍の英国は,占領当初はこれらデンマーク系住民を「ドイツ民主化の担い手」と考えてこれを保護育成したのだが,やがて彼らの「新デンマーク運動」が一大運動となりシュレスヴィヒの分離を

執拗に求めるようになると，やがて，西側連合国の考える戦後構想と抵触するとしてそれまでの少数者保護政策を一変させ，デンマーク系少数者問題をドイツ州政府の側に委ねようとしたのである。英国は「ロンドン円卓会議」で少数者との直接交渉を提起，これを受けて少数者は，独自の少数者人権案と「南シュレスヴィヒ学校法案」を作成，これを法律化させようとした。これに対して州政府の側は「ドイツ側対案」を作成，ニュダールらを専門委員として5回にわたる直接交渉（本会談と専門家会談）を行なった結果，州政府は，デンマーク系少数者の権利保障のための州政府の「一方的宣言」たる「キール宣言」(Kieler Erklärung, 1949. 9. 26) を発するのである。この「キール宣言」，ならびに，これの延長線上に位置付く「ボン・コペンハーゲン宣言」(Bonn-Kopenhagener-Erklärungen vom 29. März 1955, 1955. 3. 29) は，今日，同州ならびにドイツ連邦共和国における少数者の権利ならびに少数者教育の原則となったのである（選挙における「5％条項」の除外規定を含む）。

　私は，ニュダールの戦後史を解明するために，ドイツの国境州シュレスヴィヒ・ホルシュタインの北辺の街シュレスヴィヒ市を訪れ，州立公文書館資料に当たって次々と明らかになる事実にある種の感銘に打たれるのであった。じつに，シュレスヴィヒにおける少数者教育問題の上には，

①ドイツとデンマークとの間の領土・国境問題，
②戦後占領国＝英国の占領政策の変容，
③デンマーク系少数者の苦難の歴史と自己主張のたたかい，

が交錯していたのである。国境線の「修正」を含みもつこの困難な問題に，当時66歳のニュダールは全力で取り組んだ。そして，「デンマーク系少数者」の権利保障を「ドイツ公民の枠内で」実現させていったのである。ニュダールが，かつてベルリン市教育長としてベルリン新教育を推進させた経験は，デンマーク系少数者の教育権保障の思想と行政に確実に継受されたと言ってよいで

あろう。

　私は本書で，一教育行政家イェンス・ニュダールの活動を中心として，彼が取り組んだデンマーク系少数者教育問題とその交渉過程を描いてみた。それは，このテーマと対象はこれまでの日本のドイツ教育史研究ではほとんど触れられなかった内容だからである。私は本書によって，ドイツ・デンマークの間にこのような問題が存在していたということ，また，その問題に取り組んだ一人の教育行政家の存在には大変大きいものがあったということを，多くの方に知っていただきたいと思う。そして，それらを通して「国民国家」における「少数者」問題を共に考えて行きたいと思っている。

　（本書の原稿の大部分は，在外研究中のドイツ・ベルリンにおいて執筆した。調査研究で次々と明らかになったことを，感銘と記憶が薄れぬうちに記しておく必要があると考え，私は，シュレスヴィヒの州立公文書館資料を中心とし，それにドイツの先行研究を参照しながら，帰国までの間に急ぎ叙述したものである。在外研究中の中とて，日本の研究はほとんど参照できなかったことを最初にお断りしておきたい。そして，論文の叙述を補うものとして，インターネット上のドイツ外務省，シュレスヴィヒ・ホルシュタイン州政府，デンマーク系少数者団体のホームページ，ならびに電子化されたメディア等から多くの貴重な情報を得たことを感謝と共に記しておく。その後帰国して，この問題に言及した幾編かのすぐれた研究に接し，学ぶ点が多かった。それらについては文献のところに付記した。）

＊本書刊行に際して中京大学出版助成を受けた。

2007年2月

小峰　総一郎

目　次

はじめに　i

第1章　ニュダールの戦後史を追って ……………………………………1
1．発端　2
2．ニュダール紹介　3
3．ブフホルツ論文　7

第2章　シュレスヴィヒ・ホルシュタイン ……………………………11
1．シュレスヴィヒ公国，ホルシュタイン伯（公）国—デンマーク傘下　12
2．シュレスヴィヒのデンマーク化とその後のドイツ化　13
　（1）シュレスヴィヒのデンマーク化　13／（2）シュレスヴィヒのドイツ化　15
3．言語政策　16
　（1）二重言語状態　16／（2）デンマーク語化政策　16／（3）ドイツ語化政策　17
4．1920年の国民投票と少数民族問題　19
　（1）国民投票　20／（2）「南シュレスヴィヒ」のデンマーク系少数民族　21

第3章　「新デンマーク運動」と「南シュレスヴィヒ」分離要求 ………27
1．キールにて　28
2．避難民（Flüchtlinge）　29
　（1）食事，衣料　33／（2）住宅　33／（3）労働場所　34／（4）地元民の不安，「非ナチ化」　35／（5）州政府の避難民施策　36
3．「新デンマーク運動」と「南シュレスヴィヒ」分離要求　39

第4章 「南シュレスヴィヒ」の少数者文化・教育状況 …………………… 47

1．自由表明主義　48

2．イギリス占領軍の教育政策　56

　（1）英軍告知（1945年10月13日）56／（2）新デンマーク運動の高揚（1945-1948年）58／（3）英軍政府書簡（1946年10月22日）61／（4）英軍大綱（1947年5月23日）62

3．シュレスヴィヒ・ホルシュタイン学校規程（1947年8月1日）と少数者の反発　64

第5章　ロンドン円卓会議 ……………………………………………… 71

1．州政府閣議　72

2．ロンドン円卓会議　74

3．州政府と少数者との直接交渉提案，ならびにシュレスヴィヒ・ホルシュタイン教育法　75

4．ニュダール任用と州政府　78

第6章　少数者提案 ……………………………………………………… 93

1．シュレスヴィヒ全権委員　94

　（1）独立学校　95／（2）デンマーク教会　98／（3）シュレスヴィヒ全権委員として　99

2．少数者提案　104

　（1）少数者の人権と文化権　105／（2）少数者学校法案　108

第7章　ドイツ側対案 …………………………………………………… 113

1．「キール会談」へ　114

　（1）少数者の期待　114／（2）州政府の期待　117

2．ドイツ側対案　122

　（1）対案作成指示　122／（2）「キール会談」最中の対案完成　124

第8章　キール会談 ………………………………………………135

1．「キール会談」(1949.3.29–1949.7.7)　136

　(1)「キール会談」の構成と参加者，重要論点　136／(2) 本会談と専門家会談　138

2．「キール会談」各回の特徴　138

　(1) Ⅰ-①. 第1回本会談（1949.3.29）　138／(2) Ⅰ-②. 第1回専門家会談（1949.4.21-22）140／(3) Ⅱ-①. 第2回本会談（1949.5.4）　151／(4) Ⅱ-②. 第2回専門家会談（1949.5.16-17）152／(5) Ⅲ. 第3回本会談（1949.7.7）　166

第9章「キール宣言」とその後 ………………………………175

1．「キール宣言」　176

2．「コペンハーゲン議事録」，「ボン・コペンハーゲン宣言」　184

3．ニュダールと少数者教育権　194

　(1) シュレスヴィヒ全権委員の権限縮小　194／(2) それからのニュダール　198

おわりに ……………………………………………………………201

あとがき　205

文　献　211

独文目次・要約　219

年　表　229

人名索引・事項索引　235

第1章
ニュダールの戦後史を追って

イェンス・ニュダール
(Nydahl, Jens 1883-1967)
出典：Schuppan (1993a), S. 225.

1. 発端

　イェンス・ニュダール（Nydahl, Jens 1883-1967）は，ドイツのワイマール共和国時代にベルリンの教育長だった人物である（在職1926-1933年）。

　私は，ワイマール時代のベルリン新教育を研究して来て，この，1920年に「大ベルリン」となった巨大都市の教育長をつとめた人物にかねて興味を抱いてきた。それは，ベルリンがワイマール共和国の首都であり，この巨大都市の都市教育行政が重大でかつ影響力が大きいからというばかりではない。それのみならずニュダールにおいては，この首都の教育行政に社会福祉的観点を貫き，教育行政はすぐれて人間と社会の進歩に寄与する事業であるという確信のもとに，困難な政治・経済状況の中で現下の制約を脱し，子ども世代のみならず大人や青年，障害者，若手教員のための社会福祉的な教育行政，そしてまた，幅広い国際連帯の新教育を切り開いていったからである。私はかつて，そのような観点を「**教育行政思想**」と名づけて，それの一端を解明した[1]。

　ニュダールのそのような教育行政を推し進めた背景要因に，ニュダールの経歴が反映していたということは確かである。ニュダール自身，元教師であり，第一次世界大戦に従軍したが終戦とともにベルリンに復職して，ワイマール革命期のノイケルン（ベルリン近郊。1920年にベルリンに統合）で逸速く「社会主義教員連合」を共同設立。教員として，当時，世界的に教育革新の潮流となっていた「**新教育運動**」（Reformpädagogische Bewegung）を，教室と社会とを結びつけながらベルリンの地に定着・発展させることに努力したのであった。

　やがて若くして校長，視学となり，新時代の教育建設に教育現場からの声を上げながら，校種を越えたベルリンの教育共同に積極的にコミットしてきたのである。その後ベルリンの教育長に選出され，ナチに追われるまでの8年間，ベルリン教育長として斬新な教育行政を展開したのであった。

---

[1] 小峰総一郎『ベルリン新教育の研究』風間書房，2002年。特に3章，4章，9章を参照。

例えば，生徒定数を削減して教員の負担を減らし，かつ若手教員に職場を創出したこと，また，工作教育，障害児教育の充実，学校における演劇や芸術鑑賞の推進（無料ないしは大幅な公的補助），新教育実験基金拡充，学校田園寮（校外宿泊施設）の大規模建設[2]，などなど——教育行政の側から，多様な教育実践の可能性を切り開いたのであった。ユニークなものは卓球台（ピンポン）である。今日ベルリンの公園を訪れると，どこにも卓球台がたくさん設置してあって，ラケットとボールを持った家族，親子がピンポンに興じている姿によく接する。実は，ベルリンの卓球台の普及を推進したのは，ニュダールであったのだ[3]。

2. ニュダール紹介

ここで今，ゲルト・ラッデによるニュダールの人物紹介を見てみよう。

　「1883年1月27日，北シュレスヴィヒの農家の子として生まれる。16歳でアペンラーデの教員養成所予備学校に入学，つづいてトンデルンの教員養成所を卒業。ホジュルップ，アルトナの（小学校）教師。のち，中間学校教員試験，小学校校長試験に合格。のちアビトゥーアを取得してハンブルク大学，ベルリン

---

[2] ベルリンの教育を統括する「地方学務委員会」(Provinzial = Schulkollegium Berlin) は，当時，学校田園寮の設置と利用状況を調査した。その記録がブランデンブルク州立中央公文書館に保存されている。ベルリン市教育長ニュダールは，この調査にベルリン市の取り組みを報告した。学校田園寮 (Schullandheim) は，元々，ギムナジウムを中心とするエリート中等学校の自前の宿泊教育施設であったのだが，ベルリンでは，初等学校も含めて全校種用に市立の学校田園寮を建設していったのである。そのような全校種用の宿泊教育施設ヘルムスドルフのペスタロッチ学校田園寮（市立第二学校田園寮），「ツェルペンシュロイゼ学校田園寮」（小規模学校田園寮），そして病弱な子ども達のためのビルケンヴェルダー学校田園寮（市立第三学校田園寮）を簡単に紹介している。報告では，学校田園寮の医療体制（医者や看護師の配置）に触れ，たとえ一時的な滞在であっても，適切な校外体験が展開されることが重要だと述べている。

　Vgl. Brandenburgisches Landeshauptarchiv：Rep. 34 Nr. 946, 949.

[3] Vgl. Nydahl, Jens: „Das Berliner Schulwesen". In: Die neuzeitliche deutsche Volksschule. Bericht über den Kongreß Berlin 1928. Berlin: Comenius-Verlag, 1928, S. 105–118.

大学で6ゼメスター（3年間），ドイツ語・ドイツ文学，英語・英文学を学んでいる（1914年の従軍まで）。

第一次世界大戦後，ベルリン・ノイケルンの校長，視学。1921年，ベルリン市教育長パウルゼンの下で国民学校局長。1926-1933年，ベルリン市教育長（パウルゼンの後任）。この間，生徒の徒歩旅行や見学旅行，演劇上演などを促進。

また，学級定員（小学校）を33人までに引き下げ，工作教員養成所，視聴覚教員養成所，障害児教員養成所を設置した。これらの事業は，ニュダール編『ベルリン教育制度』（1928年）に記されている。

1933年，ナチスにより追放される。第二次大戦終了まで代理商。1945年，ソビエト占領軍の指示でベルリン・テンペルホフ区長に任命され，1946年選挙で認定された。

1947年10月，シュレスヴィヒ・ホルシュタイン州政府より新設の同州長官（Landesdirektor）に任ぜられ，キールに赴く。1948年，シュレスヴィヒ全権委員（Landesbeauftragter）。1951年に同職を辞し，その後10年間，ドイツ国境地方平和促進連盟議長（通称「国境州長老」）。

晩年，再びベルリンに戻る。教育政策問題やベルリン教育大学の教育史研究に関わるとともに，昔の教師仲間（「チョーク仲間」）と旧交をあたためた。1967年キール没。」[4]

ゲルト・ラッデは，ワイマール共和国時代のベルリンの新教育家・ギムナジウム校長フリッツ・カルゼン（Karsen, Fritz 1885-1951）の研究者である。ラッデは，カルゼンのギムナジウム（中等学校）における創意的な新教育実践の背景に，「徹底的学校改革者同盟」（Bund entschiedener Schulreformer, 主として中等学校教員）の教育理論，ならびに，ニュダールらの「社会主義教員連合」（主として初等学校教員）の教育実践と教育構想があったこと，また，のちにニュダールがベルリン市教育長となってからは，ともに社会民主党（SPD）に所

---

[4] Radde, Gerd: Fritz Karsen. Ein Berliner Schulreformer der Weimarer Zeit. Berlin: Colloquium Verlag, 1973, S. 334-5.
　なお，かつて私はNydahlを「ニダール」と表記していたが，このたびの研究滞在で接したドイツ人研究者の発音はいずれも「ニュダール」である。そこで，私のかつての表記法はすべて改め，本書ではこれを「ニュダール」と統一することにした。

属する教育家として交友を温めたこと，さらには，カルゼンとの個人的交流の中でカルゼンの妻の家がシュレスヴィヒ・ホルシュタインのフリースランド系であったことから，同じく，シュレスヴィヒ・ホルシュタイン出身のニュダールと親しみも一層増したということを述べていたのだった[5]。

　私は，都市ベルリンにおいて新教育が発展した条件に，相対的に独自の都市行政があったことを先の研究において解明した。特に，市の社会福祉的教育財政，新教育実験学校基金の拡充，学校田園寮建設，そして，官民共立の教員再教育機関「ディースターヴェーク大学」の設立・運営に当たって，市教育長ニュダールの寄与が大きいということに突き当たったのである。そして，ベルリン新教育の展開にとって，新教育に対する理解と識見をもった人物の存在が欠かせないという脈絡で，ニュダールについての解明を行なって次のように述べたのだった。

　　「そこで，ときにこのベルリン教育長イェンス・ニュダールという人間は一体いかなる人物であるのかとの疑問が湧く。彼の人となりのアウトラインは先に示したところであるが，近年，ベルリン自由大学のミカエル-ゼーレン・シュッパンの行なった研究がまことに興味深い。それの大要を示せば次のごとくである。
　『ニュダールは12人きょうだいの1人として北シュレスヴィヒの農村に生まれた。10歳で両親はこの子をある農家に遣った［養子であろう］。この養親が，ニュダールの利発なのを見て師範学校に上げた。予科，本科を了えて民衆学校教職に就いたが28歳で校長試験に合格。さらに教員養成所視学官資格をとるためポーゼンの特別コースに学び，合格している。［この時期ここで，後のプロイセン文部省参事官ハンス・リヒャート（Richert, Hans 1869-1940）が教えている。ニュダールは恐らくリヒャートの授業を受けていたのであろう］。1913年ベルリン・ノイケルン中間学校教師。戦争で従軍し，敗戦後教職に就き社会主義教員連合設立。1919年ノイケルンの福音派国民学校校長，半年後視学官就任。1921年大ベルリン市庁教育委員，1926年教育長（1933年まで）。この間多様な政治的

---

[5] Vgl. Radde: a. a. O., S. 240-241.

志向，教育的信条の人々と相対しているが，その意志強く，穏やかで事実に即した議論に人々が納得していったのは驚嘆に値する。その例が，レブフーン発案の教員研修機関「ディースターヴェーク大学」を教育行政当局とベルリン教員組合との官民共立で実現したことだ。また，特殊教員養成所や工作教員養成所を設立。さらにクラス定数と必修科目を削減して，過大学級を解消するとともに若手失業教員の雇用も作り出した。生徒たちに無料の演劇鑑賞を始めたのも，文化アクセスの機会を創出したのも彼の力によるところが大きい。教員の研修旅行を促進し，新教育実践の行なわれている多くの地――ウィーン，ハンブルク，シュトゥットガルト，ブレーメンなど――をこの目で見させて，教師が新しい教育への知見を開くのを援助した。ナチ台頭により公職追放，彼のベルリン教育行政推進は終焉となったのである（後略）…。』

一人の人物によって新教育の創出，推進が可能であるわけではないが，ベルリンの教育行政当局に，新教育への理解と能力，また，識見を備えた人物が果たした役割を欠くことはできない。

まことにベルリン新教育は，このように「新しい教育」に挑戦する人と，情報と，財政と，そしてこれらを支援する親，教師，ベルリン公衆によって，集合的な時代の意志として展開された教育・文化運動，また政治運動だったと言えるのである。」[6]

以上のような研究によって，ワイマール時代のイェンス・ニュダールについては大よそ解明できたのであるが，その後私は，そのような人物が戦後どのような軌跡を辿ったのかに興味をそそられた。新教育に対する理解と識見とをもった人物，また，芸術振興，官民共立の教員再教育機関の運営，クラス規模の縮小と若手教員の雇用創出など，困難な中に新しい方策を見出すすぐれた行政手腕の持ち主は，その後どうなったのだろうかと考えるに至ったのである。私は，ニュダールの戦後の活動に関心をいだいた。

ラッデの研究によれば，ニュダールは，戦後シュレスヴィヒ・ホルシュタイン政府に招かれて「州長官」(Landesdirektor) となり，次いで「シュレスヴィヒ全権委員」(Landesbeauftragter für Schleswig) の職に就いたとされている。

---

[6] 小峰，前掲書，第9章，参照。

一体これらの職はどのようなものなのであろうか。ベルリン・テンペルホフ区長の職を辞してまで取り組む意義が，これらの職にあったのだろうか。そして晩年のニュダールが就任している「国境平和同盟」とは一体何か。そしてニュダールは晩年再びベルリンに戻って，ベルリン教育大学で教えかつての教員仲間（「チョーク仲間」）と旧交を温めたが，港町で知られるキールで没しているのである。つまり，ニュダールの戦後史は，シュレスヴィヒ・ホルシュタイン，ならびに同州の州都キールと大きくかかわっているのである。

　この戦後のニュダールの活動を解明することは，ベルリン新教育の戦後への影響史，ナチズムとの連続と非連続，そして新教育の今日との関係如何，そしてまた，教育を政治・社会の全体状況の中に置きながら考える視点，を提供してくれそうである。私は，ニュダールの戦後史に引き寄せられた。

3. ブフホルツ論文

　ニュダールの戦後史を調べるために，私は，ひとまずニュダールの文献目録を作ることにした。

　まず，ドイツのホームページでニュダールを検索するがヒットはあまり出ない。ただ，ベルリンにニュダールを記念した「イェンス・ニュダール基礎学校」[7]というのがあり，そこの卒業生が同校をホームページに紹介している。この関係のヒットが唯一，イェンス・ニュダールに関わるネット情報である。ワイマール時代にベルリンの教育長を務めた人物を記念した基礎学校（小学校）があるのは，これはごく自然なことである。この学校はかつての「ベルリンの壁」近く，クロイツベルクにある。そこのページを開いてみると，アフリカ系やトルコ系の子弟が多く，クロイツベルクの民族状況を反映していた。

　次に，ベルリンの図書館等で人名史料や行政史を参照したが，それらしい情

---

[7] Jens-Nydahl-Grundschule, Kohlfurter Str. 20, 10999 Berlin.

報は得られない。

　そこで3番目に，ドイツ教育学会教育史研究文書館（BBF）でニュダールの手がかりを探すことにした。ドイツ教育学会教育史文書館は教育史研究の宝庫である。そこのリツィ館長とも親しくなったので，ここに通ってコンピュータ・カタログでイェンス・ニュダールの文献目録を作成したのである。

　その過程で気がついたことは，ニュダールには代表作の大部な教育報告『ベルリン教育制度』(1928年)[8]を始めとして教育行政関係の著作が知られているのだが[9]，それ以外に，『冒険と驚き』なる読み物シリーズがあることだった[10]。これはどんな種類のものだろうかと，ウンター・デン・リンデンとポツダム広場のドイツ国立図書館に行って同書を借り出した。これは，北欧のサーカスや，文物を紹介したもので，子どもたちに未知の国，未知の文化を紹介する，Ganzschriftと呼ばれる副読本である。ニュダールが著名な写真家や紀行文作家とともに共同編者となっているシリーズものであった。あの多忙をきわめるベルリン教育長の合間に，このような仕事もしていたのかとある種の感銘を受けながら叢書を読む。

　しかし，目指すニュダールの戦後の足跡を知る手がかりは得られない。ニュダールは戦後，故郷の教育再建に努力し，人生の幕を引いたとする以外ないのだろうか。だが，何か手がかり程度は見つけたいと，次に私は雑誌類を調べることにした。そこで出会ったのがブフホルツ論文である。

　ベルリンの教育行政に関わった人物であるので，官庁関係の雑誌には，当然このニュダールへの記述がある。しかしそれは，大ベルリンの教育長が，ベルリンの教育行政につき要請を行なったり，各種の会談を行なった，との記述で

---

[8] Nydahl, Jens (Hrsg.): Das Berliner Schulwesen, Berlin 1928.
[9] Nydahl, Jens: „Volksschule und Wirtschaft". In: Probleme der neuen Stadt Berlin, Berlin, 1926, S. 215–221.
[10] Nydahl, Jens/ Dr. Franz Kramer/ Hans Würtz (Hrsg.): Wandern und Wundern. Berlin: Dietrich Reimer/ Ernst Vohsen, 1932.

ある。そこで次に，官ではなく民の側，つまり教員組合関連の雑誌から記事を拾って見ることにした。いくつか書庫を探す中で『ベルリン教員新聞』に幾件かのニュダール関係の記事が発見できた[11]。それらは，ニュダールが教員組合の年次大会に来て挨拶したり，世界教員組合大会の報告を行なったりとかの言及であったのだが，最後に教育学者ブフホルツの執筆になる「イェンス・ニュダール──回想，感謝とあいさつ」論文[12]を読んで私は衝撃を受けた。ここにはニュダールが，故郷のシュレスヴィヒ・ホルシュタインで何に立ち向かい，何を実現したのかが大よその輪郭で描かれているではないか。

　私は，その記事をノートして次の作業にとりかかった。いま，それの大要を記すと，以下のごとくである。

　　「1947年秋，ニュダールは，故郷シュレスヴィヒ・ホルシュタインの招請に応じた。同州は，デンマークとの国境地方の問題に見通しの利いた有能な専門家を求めていたのである。英国は，戦勝国として，州庁を，旧所在地のシュレスヴィヒからキールへと変更させていた。敗戦国ドイツの国境住民の中で，英国は，デンマーク人への影響力を確立しようとしていた。ここに，ドイツ人とデンマーク人との間で，民族文化闘争が起こり，ドイツ人民族団体は，ドイツ民族性の喪失を恐れ，他方，デンマーク人は，強力な民族運動を展開して，デンマークへの統合をすら求めていた（中略）…。
　　北シュレスヴィヒでは私立学校をめぐって事態は予断を許さぬ状況であった。ティンガレフでの住民集会（ほとんどがデンマーク人教員）では，『特別クラスを廃止しなければ教員ストライキを行なう』との大会決議が行なわれ，実際にストライキに突入した。(1946. 7. 1) アペンラーデ近郊エンステットに4家族が子どもを連れて農場主の家に集まる［ドイツ系私立学校の開始──小峰］。だが，ここに脅迫状が送りつけられ，数日後，夜，中庭で爆弾破裂。3回目の脅迫状には，『次は家の中に爆弾を投げ込むぞ』と記してあった。ウク町でも私立学

---

[11] じつはこの過程で『ベルリン教員新聞』に，旧東独版と旧西独版の2誌があることにも気づいた。ベルリン教員組合もドイツの東西分裂によって2つに分かれたのだが，その2つが，同名の雑誌を発行し続けていたことに，政治の影を見た思いである。
[12] Buchholz, Friedrich: „Jens Nydahl. Erinnern, Dank und Gruss". In: Berliner Verband der Lehrer und Erzieher（Hrsg.）: Berliner Lehrerzeitung, Nr. 2/ 1958, Berlin, S. 39.

校再開の運びであった。法的条件を満たし,デンマーク文教当局も了解して学校は1946年6月12日開始の予定。しかし,開校の2日前に当地の学校連盟会長は手紙を受け取る。『エンステットがどうなっているか十分にご承知と思う。今度は脅しで投げるんじゃないぞ。それも学校じゃない,貴方の家か貴方自身にだ。』この状況で授業を行なわせる勇気があるだろうか？（後略）…。」[13]

　子どもの学校をめぐって爆弾投げ入れが行なわれている——これはただならぬことである。なぜこのような事態に立ち至ったのであろうか。また,この状況でニュダールは何に立ち向かい,何をし,また何をしえなかったのであろうか。これを解明しなくてはならない。そのためにはこの地域を知らなくてはならない。私はしばらく「シュレスヴィヒ・ホルシュタイン」の状況を調べることにした。

---

[13] Ebenda.

第2章
シュレスヴィヒ・ホルシュタイン

私たち日本人にとってドイツの「シュレスヴィヒ・ホルシュタイン州」は，チーズやバター，果物で知られる酪農と農業の州，また，リューベックなど，中世以来の「ハンザ同盟都市」で知られる海運と漁業の町という長閑なイメージがある。しかしながら，「シュレスヴィヒ」（かつての首都はシュレスヴィヒ市。その他，フレンスブルク，フーズムなどが有名），また，「ホルシュタイン」（州都キール市。その他にはリューベック，ノイミュンスターなどが有名）は，いずれもかつては別の国（公国）で，ともにデンマークに所属していたのだった。特に北のシュレスヴィヒはデンマークと接しており，現在でもデンマーク系の人々が相当数居て（約5万人＝人口の1割），デンマークへの親近感，デンマークとの文化的，政治的結びつきもまた強固なものがある。

私は，過去何回かこの州を訪れたのだが，そのとき，この州の数奇な運命を特に強く意識したことはなかった。しかし，キール駅の表示物はドイツ語とデンマーク語で表記されていて，行き交う人々の柔らかいデンマーク語を耳にして，ここには2つの人々が共住しているのだと感じたこと，また，リューベックの駅前には壮大なビスマルク像が建っていて，それはかつてビスマルクが智謀を駆使してこの地方をプロイセンに服属させた「偉業」を顕彰しているのだなと感じたことを思い出す。

だが，今回私がシュレスヴィヒを訪れて記録を調べると，ここには私の想像を超えたプロイセン・ドイツとこの地方との，この地方とデンマークとの，また，この地方内部での，じつに厳しい闘いが存在していたのだということを発見させられたのである。シュレスヴィヒにおけるニュダールの仕事は，かくも複雑・困難な状況の中で展開されたのだった。

1．シュレスヴィヒ公国，ホルシュタイン伯（公）国——デンマーク傘下

シュレスヴィヒ・ホルシュタインの歴史は北ヨーロッパの複雑な政治・文化事情の中にある。今日の「シュレスヴィヒ・ホルシュタイン州」は，元々は独

立の「シュレスヴィヒ公国」,「ホルシュタイン伯国（1474年から公国）」という2つの国の連合体なのだったが，その「連合」はきわめて政治的なものだった。

　北のシュレスヴィヒは，地理的にデンマークと接していてデンマーク人も多かったため，中世初期からデンマークの支配下にあった。それに対して南のホルシュタインはドイツと近く，ドイツ人が多数で神聖ローマ帝国に入っていた。この2つの国は，シャウムブルク家を共通の支配者に戴いて14世紀以来「同君連合」を成していたのだが，1459年のシャウムブルク家断絶により，今度はデンマークを共通の支配者に戴くこととなった。これによって，デンマーク国王がシュレスヴィヒ公爵とホルシュタイン伯爵を兼ねたのである。しかし実体においては，今まで通りシュレスヴィヒはデンマーク支配，ホルシュタインは神聖ローマ帝国（ドイツ）支配であった。この関係はその後も続き，1806年の神聖ローマ帝国崩壊・ウィーン会議による「ドイツ連邦」結成に至ると，ホルシュタインは，デンマーク国王が「ホルシュタイン公」としてドイツ連邦に参加するという「ねじれ」の関係になっていたのである。

　したがってこの州において自らのルーツを「デンマーク人」とする人々には，十分な歴史の必然が存在するのであった。これは，近代の国民主義運動とその後のプロイセンによる「併合」を経て一層強められる[1]。

2. シュレスヴィヒのデンマーク化とその後のドイツ化

(1) シュレスヴィヒのデンマーク化

　この地をめぐる19世紀の争闘は，まずはデンマーク化が先行した。

　デンマークでは，シュレスヴィヒをホルシュタインから切り離してデンマークに併合しようとする国民自由主義的なアイダー・デーン党が運動を展開し，

---

[1] 坂井栄八郎「シュレスヴィヒ・ホルシュタイン」（Hitachi Digital Heibonsha, 1998）参照。

デンマーク人が多い北シュレスヴィヒで支持者を見出している。

　1848年の三月革命のさい、デンマーク政府はシュレスヴィヒの併合を宣言した。これに対してキールの革命臨時政府は両公国のデンマークからの離脱とドイツ連邦への加盟をめざす。これを支援したドイツ連邦軍は、一時シュレスヴィヒのデンマーク軍を排除したが（第1次スリースウィー戦争、1848-50）、イギリス、ロシアの干渉によって休戦に至る（「ロンドン議定書」1852年5月）。しかしデンマークは1863年3月、議定書を破ってシュレスヴィヒ併合を宣言したのである。

　『みずうみ』で知られるドイツの作家シュトルム（Storm, Theodor 1817-1888）は、デンマーク支配を嫌ってドイツへの帰属を強力に求めたため、デンマーク政府から弁護士資格を取り消されたという経歴の持ち主である。彼は、シュレスヴィヒのフーズム出身のドイツ人で、当時この地を支配したデンマークからの独立運動に熱情的に参加した「愛国主義者」だった。シュトルムは、『みずうみ』を刊行した1849年、デンマークのシュレスヴィヒ長官ティッリヒ（Tillich）に抗議する「フーズム150人市民署名」に加わっている[2]。このティッリヒこそ、シュレスヴィヒのデンマーク同化政策の推進者だったのである。長官は教会語、学校語をデンマーク語化するための施策を次々に打っていた。1850年にハダースレーベンのギムナジウムにデンマーク語を命じ、また、シュレスヴィヒにおいてそれまでわずかに許されていたドイツ語の個人授業も禁止してしまった。また教会語のデンマーク語化を進め、牧師候補生にデンマーク語の十分な能力を要求したのである[3]。シュトルムのようなドイツ人による独立運動は、デンマークの支配に反対する運動だった。

---

[2]　Vgl. Storm, Theodor: Immensee. (insel taschenbuch 732), Frankfurt am Main/Leipzig: Insel Verlag, 1983, S. 184. なお、テクスト原文には「デンマーク人地方長官ティッリヒ」（dänischer Landeskommissar Tillich）とあるが、次のペーターゼンの研究に謂うティッリシュ（F. F. Tillisch）のことであろう。

[3]　Petersen, Thomas Peter: Preußens Sprachenpolitik im Nordschleswig. 1995. (Münster Diss., 1994), S. 42-48.

(2) シュレスヴィヒのドイツ化

　この「デンマーク」と「ドイツ」のたたかいは，フランス革命後の「国民主義運動」の産物である。「デンマーク化」の動きに対して，次に，ドイツの攻勢とこの地の「ドイツ化」が強力に展開された。

　　「ドイツ連邦議会はオーストリアとプロイセンの指導の下にロンドン議定書違反を理由としてデンマークに対する連邦制裁（デンマーク国王はホルシュタイン公として連邦の構成員）を決議し，12月ザクセンとハノーファーの軍隊がホルシュタインを占領，翌64年1月にはオーストリア・プロイセン連合軍が独自にシュレスウィヒを占領，3月デンマーク領ユトランドにも進入して6月にはこれを制圧した。この間ドイツの中小国とプロイセン，オーストリア両大国の間には路線争いがあり，前者がアウグステンブルク公を君主とする両公国の独立を主張すれば，プロイセンとオーストリア，特にプロイセンはロンドン議定書の堅持を軍事行動の目的として掲げていた。これはしかし，列強に介入の機会を与えずに両公国を最終的にはプロイセンに併合するためのビスマルクの術策だったのである。戦争は10月のウィーン講和条約で終わり，デンマークは両公国をプロイセンとオーストリアに割譲した（第2次スリースウィー戦争）（1863-64）。以後両公国はプロイセン，オーストリア両国の共同管理下に置かれ，なお65年8月のガスタイン協定で，シュレスヴィヒはプロイセンの，ホルシュタインはオーストリアの行政下に入れられたが，この状態は1年と続かず，66年の普墺戦争の結果両公国ともにプロイセンに併合されて，その地方州シュレスヴィヒ・ホルシュタインとなった。」[4]

　こうしてデンマークは，「シュレスヴィヒ」，「ホルシュタイン」，そして「ラウエンブルク」を完全に失ったのだった。ドイツ・デンマーク国境はケーニヒス・アウ川（1920年まで）。
　しかしプラハ条約（1866年）はシュレスヴィヒ北部で国民投票を行なうことを定めてあったがプロイセンはこれを行なわなかった。そのことが，後に，第一次大戦のドイツ敗北によりこの地の帰属を国民投票で決することとなり，そ

---

[4] 坂井，同所。

の結果シュレスヴィヒの北部（通称「北シュレスヴィヒ」。シュレスヴィヒの北側2分の1）をデンマークに帰属させることに繋がるのだった。

3. 言語政策

この地を領有したプロイセンもまた，デンマーク以上に強力なドイツ化政策を展開した[5]。

(1) 二重言語状態

元々デンマーク人・ドイツ人から成るこのシュレスヴィヒという地域は，一種の「言語混交地帯」であった。そもそも18世紀にはデンマーク王家でドイツ語が使われていたのである。その結果デンマーク人は，ミサや学校，裁判ではデンマーク語を使用していたが，行政用語はドイツ語であった。二重言語状態が一般的だったわけである。

(2) デンマーク語化政策

それが，19世紀の国民主義の時代になると，先に述べたようにデンマーク語政策が進められてくる。1839年に即位したクリスチアン8世は，1840年官房令を発し，それまでのドイツ語での行政語をデンマーク語に変更して官吏にはデンマーク語を義務付けた。しかし，すぐにはデンマーク語に馴染めない人々のために，一旦ドイツ語で書かれた文書をデンマーク語に翻訳して行政実務に使用するといった政策を取っている（1840年6月15日）。だが，裁判用語をデンマーク語にすることには弁護士たちが反発した。その結果翌1841年に，裁判用語はドイツ語のままとしている。作家のシュトルムは弁護士・愛国者としてこの頃のドイツ語擁護者の先陣にいたのだった。

---

[5] 以下の記述は主としてPetersenによる。

次のデンマーク王フリードリヒ7世の時代になると，シュレスヴィヒ長官ティッリシュ（F. F. Tillisch）の下で，それまでドイツ人の多かった地域にも，教会・学校でデンマーク語の徹底化が図られるのである。トンデルンの師範学校は1853年設立。これは，シュレスヴィヒの学校で，今までのドイツ語での授業言語に代わってデンマーク語で授業する教師の養成を目的としていた。

(3) ドイツ語化政策

1864年のドイツ・デンマーク戦争に勝利し，さらに1866年6月の普墺戦争で大勝したプロイセンは，1867年，シュレスヴィヒ・ホルシュタイン全体をプロイセンの州（Provinz）に組み入れた。シュレスヴィヒは，今度は逆に，プロイセンの強力なドイツ語化政策に晒されるのである。このときプロイセン全体では，ドイツ語以外の言語人口は，シュレジエンのポーランド語人口10％，そしてシュレスヴィヒのデンマーク語人口0.6％であった[6]。この0.6％のデンマーク人に対して，プロイセンは，教会言語，学校の授業言語，そして裁判・行政言語の全体にわたってドイツ語化政策を進めたわけである。

プロイセン当局は，学校査察を行なって授業の様子を細かく報告させた。ドイツ語で授業できる教師を養成するためにトンデルンの師範学校を再編し，ここをドイツ化の拠点とした。（イェンス・ニュダールはのちにこの師範学校で学ぶわけである。）

行政・裁判言語も，それまでの二重言語状態を脱し，ドイツ語のみと定めた。ただ，教会言語もドイツ語化されるのであるが，都会では比較的容易に進んだドイツ語化が田舎では困難に遭遇した。教会は住民に立脚していたので，農村部のデンマーク住民に対して，直ちにドイツ語でのミサに移行するわけにはいかない。その結果，堅信礼はデンマーク語を可とする，またミサについても，午前はドイツ語だが午後はデンマーク語でもよい，との緩和措置を設けな

---

[6] A. a. O., S. 67.

がらドイツ語化を進めたのであった[7]。

こうした北シュレスヴィヒのドイツ化は1888年の「北シュレスヴィヒ言語教育令」（Anweisung für den Unterricht in den nordschleswigschen Volksschulen, 1888）で頂点を迎える。北シュレスヴィヒにおいて，デンマーク語を排除し，ドイツ語の徹底化が図られたのである。

> 「第1条　北シュレスヴィヒの民衆学校授業言語は，宗教授業を唯一の例外として，ドイツ語とする。ただし，入学の際にドイツ語がまだ全く分からない新入児童に，初学年にドイツ語導入を行なうために必要な範囲と期間において，教師がデンマーク語を使用することはできるものとする。」[8]

参考までに，1850年代における当地方の言語状況を図示しておこう。

（☐：教会語・学校語ともデンマーク語，▨：教会語はデンマーク語とドイツ語，学校語はデンマーク語，☰：教会語・学校語ともドイツ語，D：デンマーク王国領）

図2．言語諸令の教会語・学校語諸地域（1851年以降）
出典：Fink (1958), S. 147.

---

[7] A. a. O., S. 68–79.
[8] A. a. O., S. 189.

4. 1920年の国民投票と少数民族問題

時は下って第一次世界大戦後。この大戦で敗北したドイツのデンマークとの国境線は，アメリカ大統領ウィルソンの提唱する「民族自決」により，国民投票で決することとなった（ヴェルサイユ条約　第109-114条）。

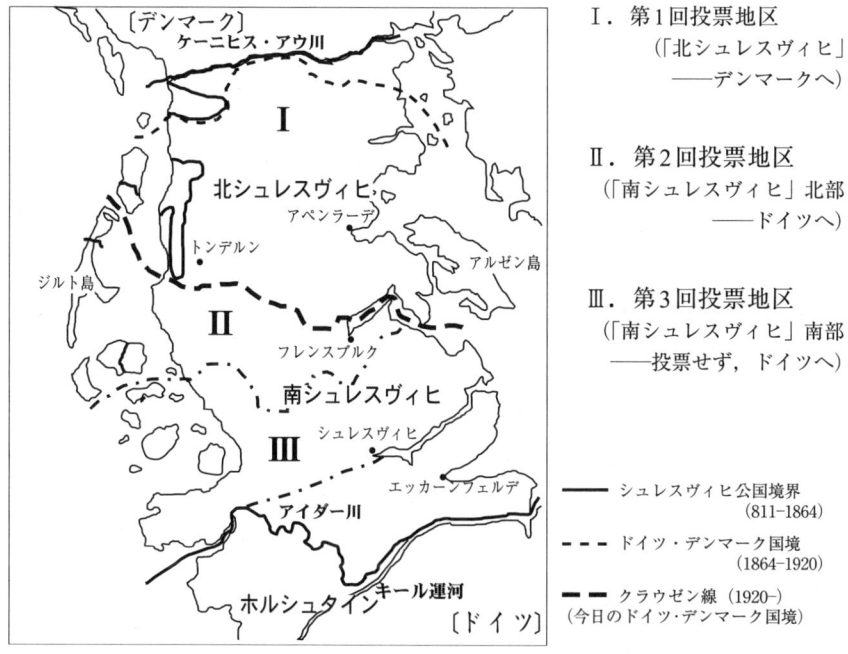

図3．国民投票（1920年）とその結果

出典：Momsen（2001）等を参照して筆者作成。

(1) 国民投票

1920年に行なわれた国民投票の結果，シュレスヴィヒの北半分（「北シュレスヴィヒ」）がデンマーク領となり，これが今日も有効な国境線となっている。かつてドイツ人の方が多く住んでいたトンデルンや，アペンラーデ，ゾンダーブルクといった都市も，デンマーク領になった。

しかし，特に領土を失ったドイツ側に，この国民投票をめぐって異論があるようだ。それは，投票方式が第1回投票地区と第2回投票地区とで異なるからだった。すなわち，上記の略図によって述べると次のようである。

①第1回投票

1920年2月10日，第1回投票は，図3，Ⅰ．の「北シュレスヴィヒ」で行なわれた。すなわち，それまでのドイツ・デンマーク国境線のケーニヒス・アウ川と，トンデルン南・フレンスブルク北を結ぶ「クラウゼン線」（Clausen-Linie）［＝今日のドイツ・デンマーク国境線］の間の地域である。

投票権者は，1900年1月1日以前に生まれて同年以来ここを居所とする者に限った。これは，外部の人間の参入，ならびにドイツ，デンマークという2つの民族グループ間を渡り歩く可能性を除外するものであった。

> 投票方式：一括集票（en bloc）。つまりこの地域の全得票を一括集計したのである。
> 投票結果：**74％でデンマークへ**。——北部農村は90％以上の高率でデンマーク票。しかし，投票がギリギリ多数のところや（リューグムクロスター），逆に，ドイツ票多数の都市（上記トンデルンや，アペンラーデ，ゾンダーブルクなど）もあったが，それは認められなかった。

②第2回投票
　1920年3月14日に行なわれた第2回投票は，Ⅱ．の「南シュレスヴィヒの北半分」である。
　このクラウゼン線の南側では，上記Ⅰ．とは異なった投票方式であった。

　　投票方式：　第一回投票とは異なって，町々，村々ごとに集計。
　　投票結果：　**80.2％でドイツ帰属を決める。**

③第3回投票
　これは本来，Ⅲ．の「南シュレスヴィヒの南半分」で行なわれるはずだったが，デンマークの肝いりで投票を取り止め，今までどおりドイツ所属とした。

　この国民投票の結果が今日の国境線となった（「クラウゼン線」）。デンマークに復帰した「北シュレスヴィヒ」は，現在，デンマーク名セナユラン（Sønderjylland「南ユトランド」の意）となっている[9]。

(2)「南シュレスヴィヒ」のデンマーク系少数民族
　かつてユトランド半島に先住していたデンマーク民族，フリースランド民族，また，のちに南から入植してきたドイツ民族は，元来，厳密な国境意識をもたずに国の双方を行き来して生活していた。彼らの話す言語は，デンマーク語，低地ドイツ語，フリースランド語と相互に乗り入れていたのである。それが，先に見たように，19世紀に入って国民主義の高揚の中で初めはデンマーク，ついでプロイセンという「国」がこの地を領有してから，「国」の中のもう一つの「国」，すなわち少数民族としての「ドイツ民族」，また「デンマーク民族」が存在することになった。

---

[9] http://www.geschichte-s-h.de/vonabiszindex.htm 参照。

1867年，デンマーク領シュレスヴィヒがドイツ領（プロイセン）となった結果「デンマーク系少数民族」が生じた。そして，1920年国民投票によってシュレスヴィヒの北半分がデンマークに「復帰」してデンマーク領「北シュレスヴィヒ」となり，南半分が通称「南シュレスヴィヒ」（デンマーク民族の側の言い方であり歴史的呼称。しかし本書ではこの言い方を使用する）としてドイツに残った。その結果，今度は国境の北に今までのドイツ人が，「少数者」，「少数民族」として取り残されることになったのである。

　現在「南シュレスヴィヒ」（Südschleswig）に生活する**デンマーク系少数民族は約5万人**。それは，人口の1割である。

　今でこそデンマーク系少数民族は，フリースランド人，またシンチ・ロマ（ジプシー）とともにヨーロッパの少数民族の平和共存の1モデルであり，何よりもデンマークとドイツの架け橋となっているのであるが[10]，それの前史は苦

---

[10] ちなみに，今日のドイツ国内少数民族はデンマーク系ドイツ人，フリース人，シンティ＝ロマ人，ソルビア人の4民族が認定されている。ドイツ外務省の公式説明は次のようである。

　「ドイツに暮らす少数民族には，デンマーク系住民，ドイツのフリース系民族グループ，ドイツのシンティ＝ロマ人，そしてソルビア系住民の4つがあり，いずれもドイツが1997年に批准した欧州評議会の『国内少数民族保護枠組条約』の対象となっている。これら4つの少数民族の言語，すなわちデンマーク語，北フリース語，ザーターフリース語（ザーターラント地域のフリース語），ロマニー語，ニーダーソルビア語（ローワーソルビア語）およびオーバーソルビア語（アッパーソルビア語）に対しては，『欧州地域言語・少数言語憲章』（ドイツは1998年に批准）に基づきさまざまな保護や援助対策がとられている。デンマーク系ドイツ人は，シュレスヴィヒ＝ホルシュタイン州のシュレスヴィヒ側に暮らし，1864年にデンマークが対ドイツ戦争に敗北して以来ドイツにおける少数民族となった人々で，その数は現在約5万人である。フリース人は，すでに紀元1世紀頃には北海沿岸に住んでいた民族として知られている（当初は現在のオランダに当たる西フリースラントとドイツの東フリースラント）。7世紀頃，北フリースラントに移り，その後西暦1100年から1400年にかけてザーターラントに移住している。シンティ＝ロマ人についての明確な記述がドイツのさまざまな歴史文書に見られるようになるのは14世紀初頭頃からである。現在およそ7万人と推定されるドイツ国籍をもつシンティ＝ロマ人は，大都市の人口密集地のほか，全国各地の比較的小さな町でも暮らしている。ソルビア人は西暦600年頃から，ゲルマン人がほとんどいなくなったエルベ川とザーレ川の東の地域に移り住むようになった。今日，ニーダーラウズィッツ（ブランデンブルク州）には約2万人

難に満ちていた。

　1920年の国民投票によって「祖国デンマーク」から切り離されたとき，時のデンマーク首相ニールス・ネールガード（Niels Neergaard）は「南シュレスヴィヒ」のデンマーク人に対して「我々はあなた方を忘れない」と呼びかけ，以来デンマークは「南シュレスヴィヒ」に対する援助を自己に義務化したのである。時代を下って今日に至っても，この精神は繰り返されている。1999年，「南シュレスヴィヒ」のデンマーク人との会合の際，デンマーク首相パウル・ニルプ・ラスムッセン（Poul Nyrup Rasmussen）は1920年のメッセージに言及して「あなた方が我々と繋がるかぎり，我々もあなた方と繋がっている」と南の同胞に強く連帯を表明したのだった[11]。

　「南シュレスヴィヒ」のデンマーク系少数者は，「祖国」から切り離された1920年の国境画定直後に民族文化団体「シュレスヴィヒ連合」（Den Slesvigske Forening: SSF），ドイツ名「シュレスヴィヒ協会」（Der Schleswigsche Verein）を結成して，デンマークへの復帰とデンマーク文化の保護を目指した。彼らははじめ，フレンスブルクで自分たちの学校を設立し（1920年から），それがやがてシュレスヴィヒ全土でデンマーク人学校設立運動となるのである。

　1933年，ナチス政権下になると，「デンマーク人」はナチス体制から迫害された。彼らは「国内の少数民族」として承認されはしたが，憎悪の「制服着用義務」を通して国家に認められるという屈辱を味わったのである。「デンマーク人」であることを押し殺し「国家」への「義務を通して自分の故郷への要求

の，そしてオーバーラウズィッツ（ザクセン州）には約４万人のソルビア人が住み，それぞれニーダーソルビア人（ローワーソルビア人），オーバーソルビア人（アッパーソルビア人）と呼ばれている。これら４つの少数民族は，それぞれさまざまな組織を結成して活発な文化活動を行なっており，これには連邦や各州から資金援助を受けている。」（ドイツ外務省HP http://auswaertiges-amt.com/www/de/eu_politik/aktuelles/zukunft/　参照）

[11] http://www.tatsachen-ueber-deutschland.de/2441.0.html/参照。

権を確証した」[12]のであった。

　そして第二次世界大戦後。ナチス体制が崩壊しデンマーク志向の大衆運動が高揚する中で，「つましく，デンマークの心情をもった…デンマーク系少数者」[13]は，英国占領軍ならびにデンマーク国の庇護の下，団体を再結成し，改めてデンマークへの統合と市民的権利保障，固有文化（デンマーク語，デンマーク文化）の保護育成を求めたのであった。

　なかでも，最大で最重要のものが「南シュレスヴィヒ協会」（Sydslesvigsk Forening: Der Südschleswigsche Verein: SSV）と，これの政治団体「南シュレスヴィヒ選挙人連盟」（Südschleswigsche Wählerverband: SSW）である。SSVは，もともとは「シュレスヴィヒ協会」（Den Slesvigske Forening: Der Schleswigsche Verein）として1920年6月26日，国境画定直後に成立し（議長：エルンスト・クリスチャンセン＝新聞『Flensborg Avis』編集長），デンマーク系少数者の権利擁護を主張してきたのであるが，これが第二次大戦後の会員増大，「新デンマーク運動」の高揚の中で，1946年1月31日，「南シュレスヴィヒ協会」へと発展拡大したものである。SSVは，英国占領軍ならびに連合国に対して「南シュレスヴィヒ」の独立と少数者の政治的市民的権利，ならびにデンマーク文化の保護育成を要求するのである（後述）。

　1946年11月15日，SSVは，英軍政府よりデンマーク少数者組織として認可されるが，「文化団体」としてのみであり，「政治」活動は禁じられた。しかし，1947年4月20日の州議会選挙で，デンマーク系少数者が，6候補者で9.3％の得票を獲得して州議会に一定の位置を占めるに至ると，占領軍は1948年6月25日，政治団体としての「南シュレスヴィヒ選挙連盟」を公認する。SSWは「南シュレスヴィヒ」唯一の組織として，州議会ならびに西ドイツ国

---

[12] ドイツ外務省HP http://auswaertiges-amt.com/www/de/eu_politik/aktuelles/zukunft/ 参照。

[13] http://www.geschichte-s-h.de/vonabiszindex.htm/参照。

第2章　シュレスヴィヒ・ホルシュタイン　25

会で彼らの要求を主張することになるのである。(1949年の連邦議会選挙でSSWは，1名の国会議員を誕生させた。これは，デンマーク系少数者が連邦議会に代表を送った唯一の例である。)[14]

---

[14] Carstens, Uwe: „Parteiendemokratie in Schleswig-Holstein". In: Göttrik, Weber (Hrsg.) : Demokratie in Schleswig-Holstein. Historische Aspekte und aktuelle Fragen. Opladen: Leske + Budrich, 1998, S. 339-340.

第3章
「新デンマーク運動」と
「南シュレスヴィヒ」分離要求

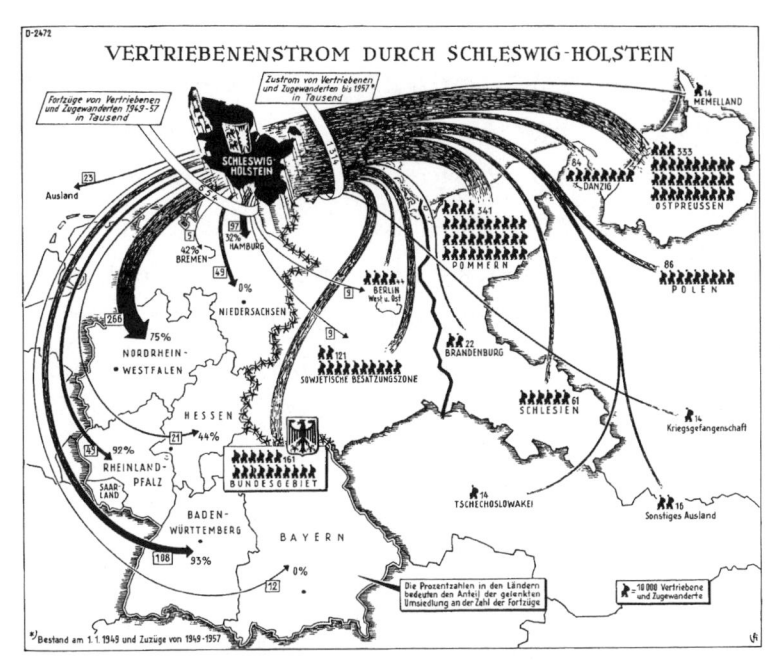

図4. 国外追放者（Vertriebene）の帰還奔流とその分散
出典：Lange（2003），S. 661.

1. キールにて

　秋のバルト海。キール港は靄に煙っていた。港には純白の巨大客船が錨を下ろしている。イギリスへ行くものであろうか，ノールウェイへ行くものであろうか。

　キールと言えば，軍港，水兵，ワイマール革命である。1918年キール軍港での水兵の反乱から「ワイマール革命」が勃発，これが全ドイツへ波及し，皇帝の退位，ワイマール共和国の成立へと連なっていくのである。この，人口に膾炙したキール像が，しかしこのたびは私に逆の，というよりは「もう一つのキール」像を結んでくれた。それは，デンマークならびにデンマーク系少数者と対峙するホルシュタイン，ないしはプロイセン・ドイツ帝国の街としてのキールである。デンマーク戦争でキールはかつてドイツの出撃拠点であった。その街が，第二次大戦後，シュレスヴィヒ・ホルシュタイン州の州都となり，政治，経済，そしてキール大学を中心とする文化・教育の中心となって，それまでのデンマークと関わりの深い旧州庁シュレスヴィヒに代わる北の都となったのだった。

　DB（ドイツ鉄道）の駅舎を出るとそこは北へ一直線に伸びるガイク通り。元キール市長のアンドレアス・ガイク（Andreas Gayk, SPD）を顕彰するものだ。ガイクはSPD（社会民主党）の政治家であり，キール市長としてキールの戦後復興に貢献が大である。しかし，国境問題については，「新路線」と言われる政策を担った人物である。つまり彼は，CDU（キリスト教民主同盟）との提携を止め，海の向こうのデンマークSPDとの疎通政策をとったのである。これによって，デンマーク系少数者の声をSPDに取り込み，彼らの「新デンマーク運動」の軟化をはかったのであった。しかしそのことが国境地方の人々の反発を呼び，「SPDは国境地方の改善を無視した」と評された。結果的に1949年8月の西ドイツ国会選挙でシュレスヴィヒ地区SPDの敗北を招いた

と言われている[1]。

　しかし，そこには，**100万人を超える避難民**が同州に押し寄せていたという終戦後の特殊事情を見なくてはならない。2005年は，第二次世界大戦終結60周年であり，新聞や雑誌，書籍に「戦後60年」を特集したものが多かった。しかし，人口100万人程度のシュレスヴィヒ・ホルシュタイン州に，これと同数の**避難民**（Flüchtlinge）・**疎開者**（Evakuierte）・**国外追放者**（Vertriebene）・そして捕虜ドイツ兵士が，家なく仕事なくパンのない状態で溢れ返るという状況を，どれほどリアリティをもって思い描くことができるだろうか。そのためには，「新デンマーク運動」の伏線の1つとしての**避難民**（Flüchtlinge）の問題について，ある程度正確に知る必要がある。

2. 避難民（Flüchtlinge）

　まずはシュレスヴィヒ・ホルシュタインへの**避難民**（Flüchtlinge）の概数を見てみよう。

>　なお，ここで避難民と国外追放者について一言述べておく。厳密には避難民（Flüchtlinge）と国外追放者（Vertriebene）は別の存在である。それは，戦後，西ドイツによって支払われた補償金基準に基づく違いで，法的規定が異なるのである。つまり，
>　　(A) **避難民**（Flüchtlinge）　　オーデル・ナイセ線の西側で生まれた者
>　　(B) **国外追放者**（Vertriebene）　　オーデル・ナイセ線の東側で生活していた者，または，ドイツ人として旧帝国領で生活していた者

---

[1] Höffken, Martin: Die "Kieler Erklärung" vom 26. September 1949 und die "Bonn-Kopenhagener Erklärungen" vom 29. März 1955 im Spiegel deutscher und dänischer Zeitungen: Regierungserklärungen zur rechtlichen Stellung der dänischen Minderheit in Schleswig-Holstein in der öffentlichen Diskussion. Frankfurt am Main; Berlin; Bern; New York; Paris; Wien; Lang, 1994.（Kieler Werkstücke: Reihe A, Beiträge zur schleswig-holsteinischen und skandinavischen Geschichte; Bd. 13）Zugl.: Kiel, Univ., Diss., 1994, S. 123-130.

という違いである。しかし，一般に文献では両者を厳密に区別せず，一括して「避難民」と称している場合が多い。そこで本論でも，両者に違いがあることを特に述べる場合以外は両者を「避難民」と一括して扱うこととする。

1939年，ヒトラー・ドイツの戦争，第二次世界大戦に駆り出されたドイツ国民だったが，やがて3年後からは撤退が始まる。1944年に赤軍がドイツへ攻め入ったため「東方」からは数百万人が西を目指した。海路では700隻の船で，戦争最後の4ヶ月間に200万人がバルト海を越える。その中にはシュレスヴィヒ・ホルシュタインからの者も多かった。西から連合軍が迫ったので，兵士も避難民も，結局北のシュレスヴィヒ・ホルシュタインを目指したのである。こうして敗戦ドイツのシュレスヴィヒ・ホルシュタインに，約100万人の一般市民が，避難民（疎開者・国外追放者を含む）として押し寄せた。これに約100万の捕虜となった敗残ドイツ兵を加えると，一時的には200万人近くの「外来者」がこのシュレスヴィヒ・ホルシュタイン州に溢れたことになる。想像を絶する状況である[2]。

(A) 疎開者（Evakuierte）――20万人以上が，爆撃の大都市を逃れ，1943年以降，都市から農村へ。

(B) 避難民（Flüchtlinge）
(C) 国外追放者（Vertriebene） 数十万の避難民，追放者が町村へ
 （1945.3～6だけで70万人）

(D) ドイツ兵収容――――― 英占領軍が，100万人以上のドイツ兵を，G地区（Eiderstedt, Dithmarschen），F地区（Ostholstein）に収容。
 （彼らは，1946.4まで抑留。のち，収容所解体）
 ‖
 しかし，収容所には，かつての「外国人強制労働者」(ehemalige Fremd- und Zwangsarbeiter) が残った。(「配置転換者たち」Displaced Persons)[3]

合計　190万人以上

---

[2] http://www.geschichte.schleswig-holstein.de/参照。

[3] Ebenda.

単純合計の190万人はもとより正確な数ではない。しかし，手がかりになるのは，1946年の国勢調査数である。これに基づく南シュレスヴィヒ協会（SSV）の資料[4]から，大よその傾向を探ることは可能である。

それによれば，同州の避難民合計は127万2,000人である。地元民数が137万8,000人であるから，シュレスヴィヒ・ホルシュタインの避難民割合は92%。つまり，地元民に対してほぼそれと同数の避難民がこの州土に押し寄せたということを意味する（なお，ここでは，約100万人のドイツ兵捕虜の問題は除外してある）。それに次ぐのが，隣のメクレンブルク・フォアポンメルンの84%である。

対して，フランス占領地区（ヴュルテムベルク・ホーエンツォレルン，ジュートバーデン，ラインラント・プファルツ）は全部でわずか1%。詳細は分かっていないが，フランス占領地区の避難民は，この時点で皆無に近い状態だったわけである。シュレスヴィヒ・ホルシュタインが，全ドイツ的に見ても極めて高い避難民割合であることは明らかだ。

そして，避難民は州土に一様に逃れて行ったのではない。**都市よりも農村に多く入植**したのである。キールを始めとして，大都市は戦争で激しく爆撃された。また，都市はもともと人口過密で，ここに外から大量の避難民が入って来て長期間生活するのは困難である。したがって避難民は，生活条件の整っていない人口疎なる農村に仮の住まいを求めざるをえなかった。敗戦国ドイツで，敗戦国民内部での対立，また外来者と地元民との対立も先鋭化したのである。

戦後の惨状は私たちの想像を超える。食料，住宅，仕事のいずれもが極めて不足で，特に，避難民，追放者はドイツの一般民間人以上に生活が困窮化していた。彼らを社会統合することが州にとっても最大の課題であった。

---

[4] シュレスヴィヒ・ホルシュタイン州政府閣議資料（1948. 8. 24）。Landesarchiv Schleswig-Holstein（LAS）Abt. 605 Prot. Nr. 110, S. 154, 155

表 1. ドイツ諸州の避難民数（1946 年 10 月）

番号	州　名	避難民（人）	地元民（人）	避難民割合（％）
1	シュレスヴィヒ・ホルシュタイン	**1,272,000**	**1,378,000**	**92**
2	ニーダーザクセン	1,475,000	4,973,000	30
3	ノルトライン・ヴェストファーレン	875,000	10,924,000	8
	英占領ゾーン＋ハンブルク	3,622,000	17,275,000	21
4	バイエルン	1,744,000	7,239,000	24
5	ヘッセン	573,000	3,447,000	14
6	ヴュルテムベルク・バーデン	677,000	2,943,000	23
	米占領ゾーン＋ブレーメン	2,994,000	13,659,000	22
7	メクレンブルク・フォアポンメルン	981,000	1,168,000	84
8	ブランデンブルク	580,000	1,936,000	30
9	ザクセン	781,000	4,762,000	14
10	ザクセン・アンハルト	962,000	3,200,000	30
11	テューリンゲン	607,000	2,336,000	26
	ソ連占領ゾーン＋ベルリン	3,911,000	13,402,000	29
12	ヴュルテムベルク・ホーエンツオレルン			
13	ジュートバーデン			
14	ラインラント・プファルツ			
	フランス占領ゾーン	約50,000	約5,000,000	1
	ドイツ合計	15,527,000	49,336,000	31

資料：シュレスヴィヒ・ホルシュタイン州政府閣議資料（1948. 8. 24）。LAS Abt. 605 Prot. Nr. 110, S.154, 155 より筆者作成。

(1) 食事，衣料

　敗戦直後は，いたる所飢餓に満ち，食料キップは不足した。かくて自給自足のシュレーバー菜園を作り，自ら食料を調達することが流行する。闇市や収穫作業，「落穂拾い」は正当な行為だったが，飢えを凌ぐため違法の「調達」（「コソ泥」）も時には必要だった。これらが食うものを用意したという点は否めない。

　衣料もまた不足した。そこで，生垣の綿毛を紡いで服にしたり，古い軍服，毛布，ベッドカバーを服に作り直して寒さをしのいだ。

(2) 住　宅

　ベルリン，ドレスデン等の大都市が爆撃で元の姿が分らぬほど破壊されたのに対し，ドイツ北部は，住居が戦争でそれほどは壊されなかった。そのためシュレスヴィヒ・ホルシュタインに避難民，追放者の受け入れが可能だったのである。しかし，州内の避難民の受け入れ状況は異なっていた。つまり，都会よりも田舎に多数の避難民が押し寄せたわけである。たとえば表2を見てみよう。

　農漁業と牧畜，林業を生業とする閉ざされた共同体に，多数の避難民，それもベルリンやライプチヒ，ドレスデンといった大都会から人々が避難民として，そしてまた，「東方」，オストプロイセンの諸都市（ケーニヒスベルクやダンチヒ等），シュレジエンの諸都市（クラクフ，ポズナン）などから「追われ

表2．都市と農村の避難民比

	州外者	州内者
・自由市（都市） 　（フレンスブルク，キール，リューベック，ノイミュンスター）	1	5
・郡部（かなりの差があった）（農村） 　グロースハンズドルフ	2.3	1
レンズブルク	1.8	1
アイダーシュテット	1.8	1

資料：http://geschichte-s-h.de/vonabiszindex.htm より

た」ドイツ人国外追放者（Vertriebene）が，大挙して同州に押し寄せたわけである。彼らはかつての「ドイツ植民」のエリートである。教育もあり，生活様式もまたハイカラだ。田舎の人々との生活に困難が生まれる可能性は大きかった。

　部屋や住居が提供されず，台所・トイレは共用，これはあたりまえだった。しかしそのことが宿主と宿子の間に深刻な葛藤を呼び起こした。また，重大な問題は冬の暖房が無いこと。炉もカミン（壁に取り付けた暖炉）も無いのだった。そこで，豆ストーブ（Brennhexe）を設置して炊事と暖房に兼用することが多かった。しかし，煙突がなく，煙が室内に籠もるのが耐えられない。燃料もなく，泥炭が使われた。避難民との共存はまことに大きな社会問題だった。

　集合住宅が1950年4月1日より建ち始めた。しかし，入所者728人に対して希望者は127,756人，175倍という高率だった。1950年代初めに資本と資材が漸く来て，住宅建設が本格化した。シュレスヴィヒ・ホルシュタインの多くの地に新団地が建てられて，避難民，追放者が住むようになった。それまでの，アメリカ軍によく見られたかまぼこ型宿舎（ビニールハウスのような）と，漸く離れられた。厳しい管理規則とも（「…部屋は10時には整理。できれば水で雑巾がけをしなくてはならない。洗濯室利用時間や訪問の制限もあった（9-21時）」）。「オストプロイセン環状道路」とか「ポンメルン小道」など，国外追放者（Vertriebene）のかつての生活は今日も残る通りの名前から予想する以外には無くなった[5]。

(3) 労働場所

　そして，生計を維持するための労働場所がこれら外来者には極めて少なかった。そもそもシュレスヴィヒ・ホルシュタイン州は農業，漁業の第一次産業中心の生産構造をなしていた。それは，生産手段は農業においては土地や牛馬，

---

[5] Ebenda

漁業においては漁船や網，食品加工所等であったが，避難民や追放者にこれらは勿論ない。

したがって彼らにとって何より必要なのは，支払い労働であったが，それはほとんどわずかであった。かつての教養市民層であった避難民・追放者が，オストプロイセンやポンメルンで学んできたことは，ここでは必要とされなかったのである。

彼らは，新たな環境で生き抜くために，学び直したり，提供されるものに合わせることが必要であった。再出発の早かったのは手っ取り早く農業労働に従事した人たちだった。かつての故郷で自営業（selbstständig）であった者69,000人の大部分が農業労働に就いた。しかしそれらのうち，経営主になれたのは5分の1であった（1949年までに）。

これに対して，手工業は状況が比較的容易だった。日常品の修理は，より広い働き口があり，記録によれば，フレンスブルクの手工業者2,368人のうち，半数以上が避難民，追放者だった（1946年）[6]。

店員や労働者の場合，初め，雇用はすべての場で少なく，州外者は州内者よりも高い失業率を示していた。彼らが再び足場を固めるためには，「沢山の仕事を，我慢して引き受ける」ことが必要であった。

(4) 地元民の不安，「非ナチ化」

① 地元民も苦しかった。彼らの物質的欠乏と不安が，外来者に対する軋轢と憎悪を生んだ。多くの地元民は，彼らを何とかしてやりたいとは思わず，東プロイセン人，ポンメルン人が低地ドイツ語を圧迫することを恐れ，州内者と結婚することを嘆いたのだった。

② さらに「非ナチ化」過程に定住者と流入者で差があった。これが地元民と余所者との感情的な対立を増大させた要因の1つである。戦争中ナチス

---

[6] Ebenda

協力をした者は，戦後「非ナチ化」で職を奪われた。しかし疎開者・東方追放者に資料はない。彼らは罪を逃れ易かったのである。ナチ体制下で行なった罪業が噂されても，彼らが戦後恵まれた職に再就職するのを地元民はただ羨むばかりであった[7]。

(5) 州政府の避難民施策

政府が何もしなかったのではない。シュレスヴィヒ・ホルシュタイン州政府は，特別方策として「**避難民入植法**（Flüchtlingssiedlungsgesetz）」を策定，彼ら外来者のために3万haの土地貸付を定めて，彼らの農業定着を援助したのである。しかし，1958年までにわずか4,246人が自営農林業に就いたのみ。そのうち半数が，10ha弱の農地で生産する小規模農家であった。

シュレスヴィヒ・ホルシュタイン州政府は，この時期，避難民施策を重点施策の1つに取り上げて，州全土の避難民対策に取り組んでいる。内閣に，「**再移住・建設大臣**」（Landesminister Umsiedlung und Aufbau）を置いて，避難民の住宅建設と労働拡大，そして全ドイツへの避難民分散をはかっている。たとえば，1948年11月8日の閣議議事録から[8]。

---

[7] 注6参照。なお，今回私がベルリンへ出発する直前に，ヘルガ・シュナイダー『黙って行かせて』（高島市子・足立ラーベ加代訳）新潮社，2004年，が刊行された。娘を捨ててアウシュヴィッツ強制収容所の看守になった母を，50年後にその娘が訪ねていくという自伝小説である。原書発表以来センセーションを巻き起こし，欧米8ヵ国で翻訳された本書にドイツの批評は存外クールであった。「3パーセントのフィクションが混じった」（シュナイダー）本書の「歴史的事実」性をそれらは疑っているのである。シュナイダーの件とシュレスヴィヒ・ホルシュタインの事例とを同一に論じることはできないが，歴史的事実の検証はまことに困難である。ちなみに同書の訳者でフンボルト大学講師の高島市子，足立ラーベ加代両氏は，筆者が，先のベルリン滞在（1989.8-1990.8）時に子どもの日本語補習校でお世話になった方々である。今回，高島市子氏に15年ぶりに再会し，「ベルリンの壁崩壊」（1989.11.9）とドイツ再統一（1990.10.3）を経たドイツとベルリンの変化ならびに本書について，親しくお話をうかがうことができた。

[8] 閣議議事録（1948.11.8）LAS 605 Prot. Nr. 2, S. 81-82.

2. 首相報告

a) 州首相リューデマンが施政計画一覧を配布させ，次回閣議，恐らく1948年11月11日（木）に，来年の州政府活動計画を検討したいと提案した。

b) 州首相リューデマンは，『連合通信報道』11月6日の報道を周知させた。

　それによると，英国とデンマーク政府の間で，5年計画で，避難民の70％をシュレスヴィヒから他の西ドイツ諸地域に再移住させるとの基本協定を行なったとのことである。これに関連して首相は，総督との会談を土曜日に〔1948年11月6日——小峰〕，報道関係者パーティーの席上でもったことを報告した。総督は，首相との協議の場をもって，この問題につき話し合うことを提案した。恐らく，この協議は，明日午後もたれるであろう。水曜日には，総督はデュッセルドルフに行き，ロバートソン将軍から詳細を聞く予定になっている由である。

　州大臣カッツが，フランス軍占領地域への再移住が問題になる，と発言した。我々の立場，すなわちシュレスヴィヒと共にホルシュタインもまた同等に，避難民軽減に関わるのだ，ということを忘れてはならない，と述べた。

シュレスヴィヒ・ホルシュタイン州政府は，約100万人の新たな増大人口を他邦に移すことを中心に，避難民対策を講じている。再入植計画を立て，各州首相会議において各州への避難民分散（特に避難民占有率の少ないフランス占領地区へ）を推進した。避難民が州内の土地を利用できるよう援助金も支出して，避難民の再入植を進めたのである。リューデマン内閣が1948年5月8日，州議会に行なった施政方針のうち「再移住担当省」の課題は次のものであった。

「1. 約束された法的方策——1948年4月9日の**避難民困窮緩和法，経済援助法** (**GVOBL. S. 67**)。
 2. ドイツ人避難民の送還——デンマーク関連：英国占領ゾーンからの母子のベルリン送還，1947年10月1日省令（官報540）。
 3. 占領ゾーン間の避難民調整——未処理。リューデマン首相の1947年6月ミュンヘンでの諸ラント首相会議での提案。シュテゲベルク避難民会議。各種会議。3600人ニーダーザクセン送還，1000人ノルトライン・ヴェストファーレン送還。
 4. 住宅建設——部分処理済。1948年州住宅建設計画：2100戸新築，8000室造

営。それにもかかわらず必要は極めて大（見積350,000），住宅難なお続く。
5. **住宅制度の法的基礎**——1948年5月3日連合国共同管理委員会法Nr.18（住宅法）実施法（GBOBL. S. 87）：住宅官への法的基礎。
6. **建築制度の新方針**——1948年2月4日（GVOBL. S. 44）：無許可建築との闘い。
7. **瓦礫の除去**——未処理（法律未認可）
8. **小入植の促進**——小入植実施・財政大綱。
9. **労働者入植**——未処理，なお準備中。」[9]

こうした政府の積極策と，ドイツの戦後復興の中で，シュレスヴィヒ・ホルシュタイン州の避難民の状況は1950年代に漸く好転する。避難民の失業者減少は，表3に見られるごとくである。

表3. 避難民失業者数

年	1951年	1957年
失業者数	135,144	22,143

資料：http://geschichte-s-h.de/vonabiszindex.htm より

こうした施策の結果，

1949年：270万人

に膨れ上がっていたシュレスヴィヒ・ホルシュタインの人口（約半数が避難民）のうち，1960年までに約40万人を，他邦へ「分散」することができたのである（結局，イギリス占領地域のノルトライン・ヴェストファーレン，また，アメリカ占領地域のバーデン・ヴュルテムベルクへ）。

---

[9] 閣議資料182/48（1948.11.8），LAS　Abt. 605 Prot. Nr. 110, S. 299.

3.「新デンマーク運動」と「南シュレスヴィヒ」分離要求

　長く「デンマーク人」として「南シュレスヴィヒ」で差別，迫害されてきたデンマーク系少数者は，戦後，組織を大量拡大していた。今まで「ドイツ人」だった者も，「デンマーク人告白」をして「デンマーク系少数者団体」への加入運動を展開したのである。この**「新デンマーク運動」**（Neudänische Bewegung:「新デンマーク主義」（Neudänentum）の運動）の結果，「南シュレスヴィヒ」の「少数者」は1945年の2,728人から，1948年には27.3倍の**約75,000人**の「**南シュレスヴィヒ協会（SSV）会員**」を擁するに至った（第4章表4参照）。

　「新デンマーク運動」は目標を次の2つに集約した。
　①「南シュレスヴィヒ」をドイツから切り離す
　② 避難民を「南シュレスヴィヒ」から放逐する

　「南シュレスヴィヒ」における，上に述べたような苦境を克服するには，「南シュレスヴィヒ」を元のデンマークに復帰させ，デンマークの援助下に状況の抜本解決を図るしかない。デンマーク系少数者は，ここに南シュレスヴィヒの「行政分離」を求めた。そして，遠くない将来に，デンマークと結合するのだ。その第一段階は「南シュレスヴィヒ」をホルシュタインから分離して英国管理化に入る。そして第二段階に，「故郷」デンマークと結合するのだ。1945年9月，デンマーク系少数者はモンゴメリー将軍に「**南シュレスヴィヒ分離要求**」を提出した[10]。以来，この申請は数回にわたって繰り返し要求されているのである。例えば1948年2月23日の，英国政府に宛てた要求書を見てみよう。

---

[10] Fink, S. 324.

英国政府宛要求書[11]

英国政府　殿

　我々，下記に署名したデンマーク系南シュレスヴィヒ人代表は，ここに，南シュレスヴィヒにおける正しい民主主義的発展を保障するために，絶対的に必要な諸方策を要求するものです。
　これらの要求は，当地に生まれた南シュレスヴィヒ人の過半多数の支持を得ております。
　我々はこの要求を，西ドイツ諸関係を議題とする会議参加者に手渡して下さるようお願いいたします。

1.

　南シュレスヴィヒを行政的にホルシュタインから切り離し，英国のドイツ占領ゾーン内で「南シュレスヴィヒ州」(Land Südschleswig) として承認すること。同州は［連合軍の］共同管理委員会が直接責任をもつものとする。
　行政機構はできるだけ単純なものとし，大部分は当地の自治に委ねることとする。

2.

　圧倒的な数の避難民（当地生まれの住民に対してほぼ100％に及ぶ人間）を減少させるために，すでに考えられている方策以外にも，手立てを講じること。
　俊敏に作業する委員会を編成して，ドイツの諸地域，取り分け避難民の入植割合が平均15〜20％の西側占領ゾーンに避難民を分散させる計画を立て，これに取り組むこと。
　さらに同委員会は，他州──すでにそこもドイツ人移住者が増大しているのであるが──で避難民が職場と住居を見つけられるよう，援助の可能性を研究することとする。
　南シュレスヴィヒは，この再移住費用負担に応えなくてはならぬものと

---

[11] LAS　Abt. 605 Prot. Nr. 110, S. 146-147.

する。

―――――――――

　この諸法策は実現しうるものである。
　南シュレスヴィヒが分離されたならば，権力拡張した地方政府と巨大な官吏装置を取り払って，現在よりもずっと良く，かつ，安価に行政を行なうことが可能である。
　南シュレスヴィヒの避難民に関して言えば，いずれにしても，南シュレスヴィヒは，他のドイツとの関係の中で軽減されるべきものである。
　それによって，圧倒的な数の人々に，他の土地で居を構える可能性を見つけることも可能となるであろう。

　我々の見解では，上記2要求を実現することが，南シュレスヴィヒをキール体制の継続的圧迫から解放して，南シュレスヴィヒ住民が――人間として，経済的にかつ国民的に――外国要素の奔流の中で没落することを防ぐただ1つの可能性であると考えられる。
　この要求を実現して初めて，安寧と人間的自由と真の民主主義が，南シュレスヴィヒに保証されうるのである。
　この要求の理由を，我々は，同封の南シュレスヴィヒにおける諸関係を述べることによって示したいと思う。

―――――――――

　我々南シュレスヴィヒ人は，我々の負担のすべてを除去することを望むのではない。
　また我々は，考えの異なる人間を抑圧したいとも思わない。
　我々が望むのはただ1つ，わが故郷の地（Heimatland）を，我々の北方的特性と民主主義への発展を理解しない異質者の洪水と異質者の体制から解放し，確かなものとすることだけである。

　もし，我々の下に自由が与えられ，我が土地を精神的にも国民的にも再び確立することができるならば，そのとき我々は，故郷の地の豊饒な大地と地勢的な好条件を今まで以上に活用することができるであろう。
　もし人々（Volk）が，自分は［故郷の］平和的建設と子どもらの未来の

> ために働いていることを知り，故郷の発展と責任が自分の手の中にあると実感するならば，そのことは，圧政下にあるときよりもいっそう到達し易いであろう。
>
> 　我々は確信する，一定の年月が経った暁には，行政的に独立した南シュレスヴィヒが，その最大範囲にわたって高められた生産によって，他のドイツにとっての幸福のみならずヨーロッパの復興にも寄与しうるであろう，と。いずれにせよ，我々は，独裁と暴力支配から必死に脱出した小国の人々が，自らの故郷発展の責任を課せられたとき，一歩一歩と権利と義務を備えた自由な人間の民主的共同体を築けるのだということを，証明したいと考える。
> 　このようにして南シュレスヴィヒは，自由な北方と来たりつつあるドイツの中の最良の民主的諸勢力とをつなぐ架け橋となりたいと思う。
> 　だがもし，今，一片の助力をも得られないならば我が民族は混乱するに至るであろう。
>
> 　　　　　　　　　　　　　　　　フレンスブルク，1948年2月23日
> 　　　　　　　　　　　　　　　　　　　　　　　　　署名人たち

　ここに，彼らの将来展望が簡潔に示されている。

① 英国のドイツ占領ゾーン内で「南シュレスヴィヒ州」（Land Südschleswig）となってドイツから行政分離する。
② 行政機構はできるだけ簡素なものとし，大部分は当地の自治に委ねる。
③ そして，大量の避難民を，西側占領ゾーンに計画的に分散させる。
④ 避難民の他州での自立を促すために，職場・住居の保障を行なう。

　そして，これらの考え方の基になっているのが，「自由な北方」論，であった。ナチスドイツの時代に，ユダヤ人の救済も行なったデンマークの人間主義的な行き方を理想とし，「北の民主主義」をここに築き，ヨーロッパの架け橋

たらんとしたのである。

　「我々は確信する，一定の年月が経った暁には，行政的に独立した南シュレスヴィヒが，その最大範囲にわたって高められた生産によって，他のドイツにとっての幸福のみならずヨーロッパの復興にも寄与しうるであろう，と。いずれにせよ，我々は，独裁と暴力支配から必死に脱出した小国の人々が，自らの故郷発展の責任を課せられたとき，一歩一歩と権利と義務を備えた自由な人間の民主的共同体を築けるのだということを，証明したいと考える。
　このようにして南シュレスヴィヒは，自由な北方と来たりつつあるドイツの中の最良の民主的諸勢力とをつなぐ架け橋となりたいと思う。」（同所）

　後にまた今一度触れるが，ここには「少数者」が，単にドイツ，デンマーク帰属問題を超えて，ヨーロッパ全体の人間的な連帯を志向しているということがうかがえるのである。
　署名人は次の者である。（公文書館のタイプ刷文書には「署名人」とされているのみで具体的氏名はない。同文は1948年8月3日，今度は英・米・仏連合軍政府総司令官に提出したのであるが，そこには「署名人」が次のように記されてる。）

署名人：

ニールス・ボイ・アンデルセン	村長，フレンスブル郡会議員，ハッレスレフ
ヘルマン・クラウゼン	市長，州議会議員，シュレスヴィヒ
コルネリウス・ハンゼン	商人，元フレンスブルク市参事会員
ターゲ・イェッセン	出版人，フレンスブルク
スヴェンド・ヨハンセン	小学校長，シュレスヴィヒ郡会議員，シュレスヴィヒ
S. ミュンホウ	鍛冶屋，市参事会員，州議会議員，フレンスブルク
I. C. メラー	商人，市長，フレンスブルク

Joh. オルドセン	元州議会議員，南トンデルン郡会議員，リンドホルム
ヘルマン・オルセン	事務局長，市参事会員，州議会議員，フレンスブルク

　これらの署名人について補足しておこう。署名人は，フレンスブルク，シュレスヴィヒに居住する人々が多い。それは，これらの土地がいずれもデンマーク人の多く居住する土地であることを示している。そして，署名人の中でも重要な人物は次の人々である。

ヘルマン・クラウゼン（Clausen, Hermann 1885-1962）：
　SSW第3代議長。戦前すでにシュレスヴィヒ市議，市参事会員で，戦後1945-1948にはシュレスヴィヒ市長で郡会議員，市参事会員となっている。南シュレスヴィヒのデンマーク系少数者の中で最も人々に支持されたクラウゼンは，1949年のドイツ連邦共和国（西ドイツ）国会選挙に当選（任期 1949-1953)，ドイツ国会にデンマーク系少数者の声を届けた。デンマーク系少数者がドイツ国会に議席を得たのは，後にも先にもヘルマン・クラウゼンただ一人であった[12]。

サミュエル・ミュンホウ（Münchow, Samuel 1893-1976）：
　錠前屋親方。ワイマール時代から少数者運動に関わっている。「シュレスヴィヒ協会」（Der Schleswigsche Verein）議長（1923年から）。戦後，SSW第2代議長。州議会議員（1946-1954, 1954-1958）。シュレスヴィヒ協会が戦後「南シュレスヴィヒ協会」（Der Südschlewigsche Verein: SSV）に転換する中，SSW内に作られた機関「デンマーク結合運動」（Anschlußbestrebungen nach Dänemark）代表[13]。ミュンホウは，SSWの州議団長をつとめる「古参」の少数者グループの中で最重要の人物。SSWの中では，彼はドイツ州政府に対して強硬論。そのため，1950年はじめにSSW議長に再選されず指導部から外れた。[14]

---

[12] Hermann Clausen（Wikipedia, aus der freien Enzyklopädie）参照。なお，SSWについては公式H P http://www.ssw.de/www/de/index.php 以下も参照。

[13] Samuel Münchow（Wikipedia, aus der freien Enzyklopädie）参照。

ボイ・アンデルセン（Bøgh-Andersen, Niels）：
　「古参」デンマーク系少数者の代表。長く，フレンスブルク郡議会SSW議員団長。Jarplundのデンマーク民衆大学学長。引揚者に平等の選挙権を与えるとデンマーク系少数者の再統一は砕け散る，と引揚者への平等の選挙権に反対。[15]

　　コルネリウス・ハンゼン（Hansen, Cornelius）：
　フレンスブルク出の大商人。長くSSV議長。「かつての」デンマーク系少数者の最重要人物の1人。[16]

　これらが，戦後のSSVならびにSSWのデンマーク系少数者運動の指導者と言ってよいだろう。なお，そのほかにデンマークからやって来てデンマーク系少数者の運動に身を投じた人物がいる。この，フランツ・ティーゲゼンも，忘れることのできない存在である。

　　フランツ・ティーゲゼン（Thygesen, Frants）：
　デンマーク公民。長らくSSV書記長として働く。シュレスヴィヒのデンマーク人問題のために，国境を越えて来独。デンマーク系少数者運動に一身を捧げた[17]。

---

[14] Höffken, S. 91.
[15] Vgl. A. a. O., S. 30.
[16] Vgl. A. a. O., S. 29.
[17] Vgl. A. a. O., S. 27, Anm. 37.

サミュエル・ミュンホウ（Münchow, Samuel 1893-1976）シュレスヴィヒのドイツからの分離，デンマークとの結合を強力に推進。「デンマーク結合運動」（Anschluβbestrebungen nach Dänemark）代表でSSW 第2代議長，州議会議員。写真は1947年頃のもの。写真提供，南シュレスヴィヒ選挙連盟（SSW）

第4章
「南シュレスヴィヒ」の少数者文化・教育状況

シュレスヴィヒに押し寄せた避難民（Flüchtlinge）
出典：Lange（2003），S. 660.

次に,「南シュレスヴィヒ」の少数者文化・教育状況を見てみよう。ここに言う「南シュレスヴィヒ」とは,念のため繰り返すが,デンマーク系少数者の言う「南シュレスヴィヒ」であって,それは今日のシュレスヴィヒ・ホルシュタイン州の「シュレスヴィヒ」部分,つまりかつての「シュレスヴィヒ公国」のうち,1920年の国民投票でデンマークに「復帰」した北半分を除いて残る南半分のことである。

ここに,1867年,シュレスヴィヒ・ホルシュタイン全体がプロイセンの州(Provinz)となって以来,デンマーク系民族が「少数者」としてドイツ人と共に生活していた。ドイツ語・ドイツ文化に「同化」していくデンマーク人に対して,あくまでデンマーク語・デンマーク文化を保持しようとする「デンマーク系少数者」は,第一次大戦後,ドイツの公教育下でデンマーク語での民族教育を認められた。

第二次世界大戦後,この地は英軍の占領地となった。「南シュレスヴィヒ」の「少数者」は,英軍の支援ならびにデンマーク国との連携の中で,かつてのワイマール時代の民族教育の自由を求めていったのである。

1. 自由表明主義

長くデンマーク人とドイツ人が共住してきた「南シュレスヴィヒ」においては,その歴史的経緯や感情は別として,子どもの学校就学を,彼らの

・民族(両親の出生,ならびに出生地)
・宗教
・文化(特に言語)
・民族団体所属

のような「客観基準」で判定・制限することを排除してきた。つまり,役所や行政当局がこれらの客観基準でその子どもの学校就学を制限しないということである。親(ないし教育権者)が,その子どもをドイツの学校に行かせるか,

またはデンマーク語の学校に行かせるかは自分で決定するということである。

この原則＝「**自由表明主義**」（ないし**自由信条主義**，**自由告白主義**：das Bekenntnis des einzelnen）は，第一次世界大戦後の「民族自決」の時代にヨーロッパで確立した考え方である。国際法学者**カール・ゲオルク・ブルンス**（Carl Georg Bruns）は，ドイツの外務大臣シュトレーゼマンの少数者観に影響を与えた学者で，欧州ドイツ人少数者事務局長（Leiter des Sekretariats der deutschen Minderheiten in Europa）だった人物である。彼は，1926年の欧州少数民族会議における，親の告白のみで子の民族学校就学を可とする考え方を述べている。多民族国家において，客観基準（団体所属，言語，宗教，民族文化等）ではなく，親の告白（信条）のみで子の民族学校就学を可とするこの考え方は，ドイツの場合，国としては確立しなかった。しかし，ドイツの最大のラント（邦）プロイセンは，シュレスヴィヒ・ホルシュタインにおけるデンマーク民族・フリースランド民族を始めとして，シュレジエンのポーランド民族，オストプロイセン等のロシア民族，エルザス・ロートリンゲンのフランス民族，またブランデンブルク等のチェコ民族等々，多くの少数民族を抱えていた。このプロイセンの「学校規程」でブルンスの「自由表明主義」が実施されたのである。

これは1926年2月9日の「少数者学校規程」の修正規程として1928年12月31日に内閣省令・文部省令として発せられた。したがって，この2つを対比する必要がある。

まず，1926年少数者学校規程は次のようである。

国境地方行政区シュレスヴィヒにおける少数者学校関係規程に対する内閣省令[1]

(1926年2月9日, プロイセン内閣)

I.

1.
行政区南トンデルン, フレンスブルク市内, およびフレンスブルク市外のデンマーク系少数者のために, デンマーク語を授業言語とする私立国民学校 (private Volksschule) 設立要求は, 最低10名のデンマーク系少数者に属する国民学校児童が, かかる私立国民学校に就学することが証明されたならば, 認められるものとする。

2.
かかる私立国民学校への就学は, デンマーク系少数者子弟に限るものとする。ここへの就学により, 就学義務は満たされる。
デンマーク本国生まれの親からの子弟が就学することは認められるものとする。

3.
かかる私立国民学校の経営承認は, プロイセンないしはデンマーク国民学校教員免許を有し, いかなる懸念とりわけ条件面ないしは倫理面でのいかなる懸念も無い人物 (男女) に与えられるものとする。

4.
教室は安価な要求に対応するものとし, その際には, 被教育者数も考慮に入れるものとする。
公立学校と同等の要求は, 一般的には求められない。
学校の開校前に, 必要な施設設備は整えられていなければならない。

5.
教育活動に必要な資金証明は, 何よりも, 最低100名のドイツ生まれの会員を有する学校協会がこれを承認したとき, すでになされたものとみなすこととす

---

1 „Erlaß des Preußischen Staatsministeriums zur Regelung der Minderheitsschulverhältnisse im Grenzgebiet des Regierungsbezirks Schleswig 9. Februar 1926". (Ministerialbl. f. d. innere Verwaltung 1926, S. 269). In: Deutschland I. Gesetzgebung, 1929, S. 627-628.

る。

6.
国庫補助の承認には，他の私立国民学校におけると同様の規程が適用される。

7.
国民学校学科課程に関しては，授業でデンマーク民族に関する知識を教育することが必要だと見做される限りにおいて，逸脱することが許される。
ドイツ語に代わってデンマーク語が授業言語となる。
［しかし］ドイツ語は，教科として十分な時間数を取って教育しなければならない。

8.
デンマーク少数者に属すると認められるのは，以下の就学義務児童のみである；すなわち彼らにつき，1 親がデンマーク王国ないしは行政区南トンデルン，フレンスブルク市内，フレンスブルク市外で生まれて現存している者，ないしは，2 親のうちその一方が同様の条件を保有したことのある両親から生まれた者，である。［後段の規定は，親が「北シュレスヴィヒ」生まれ，親死亡，1 親が現在他行政区の者等を指すと考えられる。］

9.
［それ以外に］長期にわたりデンマーク民族との関係が証明でき，上記の場所に居所を有し，かつ，その子どもをデンマーク系少数者教育施設に行かせたいと表明する者があったときは，個々の事例を審査した後，かかる要望を認めることがある。

Ⅱ.
1.
上記（Ⅰ節1条）に謂う行政区で国民学校を超える教育目的を有し，デンマーク語を授業言語とする私立教育施設［職業学校，上級学校等］を設立するにあたっては，私立学校一般の設立と同一の規程が適用される。

2.
国家資格が授与される諸試験［アビトゥーア等］の実施権付与については，少数者学校において十分なドイツ語教育が行なわれる限り，他の私立学校と同一の原則が適用される。

> **III.**
>
> 1.
> 行政区南トンデルン，フレンスブルク市内，フレンスブルク市外の学校協会 (Schulverband) において，ドイツ生まれの教育権者から，最低24名の就学義務のあるデンマーク系少数者（I節8条，9条）に所属する児童のために，デンマーク系少数者所属者としてふさわしい教育が他に十分配慮されない場合に，**デンマーク語を授業言語とする公立国民学校（öffentliche Volksschule）の設立提案**がなされたとき，かかる学校要求は，他の不可欠の国民学校［ドイツ語の国民学校］の重要性と同等に認められ，その設立が図られるものとする。
>
> 2.
> この少数者国民学校に対しては，これに相応するドイツ語国民学校と同様に**補助出費**［国庫補助］が承認されるものとする。
>
> 3.
> かかる学校への教師の採用の前に，当該学校の父母評議会には，提案の機会が与えられるものとする。それと同じく，特別教科書の導入の前に，父母評議会に意見を聞くものとする。
>
> **IV.**
>
> 1.
> 少数者教育施設が，3年間にわたって，生徒数がその設立基準数を下回った場合には，少数者教育施設は廃止してよいものとする。
>
> 2.
> もし1学年間に，児童数が，恒常的に予測最低数の半分を下回った場合，当該学年終了後に廃止を命じられうるものとする。

（［ ］ならびに太字強調は小峰。以下同じ）

本規程は「客観基準」を定めているものではあるが（I節8条），デンマーク系少数者に，私立国民学校はもとより（同1条），少数者公立国民学校の設立も認めている（III節1条）。また，国民学校を超える学校［職業学校・上級学校等］設立（II節1条）や資格試験を定め（同2条），これらへの国庫補助（III節2条），さらには，父母評議会に，教員のみならず教科書の推薦も定めて

いる（同3条）。この規程の上に，「主観基準」主義を配した1928年規程が，第二次世界大戦後，少数者がシュレスヴィヒ・ホルシュタイン州政府に求めていった教育要求の歴史的原点なのである。

そこで次に，本規程の修正規程である1928年「少数者学校規程」を見ることにする。

シュレスヴィヒ少数者令[2]
（1928年12月31日，プロイセン内閣内務省令・文部省令）

国境地方行政区シュレスヴィヒにおける少数者学校関係につき定めた1926年2月9日省令の変更ならびに補足

1926年2月9日の国境地方行政区シュレスヴィヒにおける少数者学校関係につき定めた1926年2月9日省令を次のように変更する。

A.

省令表題はつぎのものとする。「デンマーク系少数者学校制度規程の変更」

---

[2] „Abänderung und Ergänzung des Erlasses zur Regelung der Minderheitsschulverhätnisse im Grenzgebiete des Regierungsbezirks Schleswig vom 9. Februar 1926 [1928.12.31]". In: Zentralblatt für die gesamte Unterrichts-Verwaltung in Preußen, Jahrgang 71（1929），Berlin: Weidmannsche Buchhandlung, 1929, S. 39-41.
「国境地方行政区シュレスヴィヒにおける少数者学校関係につき定めた1926年2月9日省令の変更ならびに補足」（1928.12.31）。本修正規定は「ポーランド系少数者学校制度規程」(„Ordnung zur Regelung des Schulwesens für die polnische Minderheit [1928.12. 31]")と対になって発せられている。デンマーク系少数者教育令は1926年規程の変更法。1926年規程は客観基準主義であった。
本法の意義に関しては，Hansen, Reimar: „Die historischen Wurzeln und die europäische Bedeutung der Kieler Erklärung vom 26.9.1949". In: Die Kontinentwerdung Europas. Berlin: Duncker & Humblot, 1995, S. 129 参照。

B.
1. 第Ⅰ節1条は次の表現とする。
　「南トンデルン，フレンスブルク市内，およびフレンスブルク市外においては，ドイツ本国生まれでデンマーク系少数者に属する，就学義務年齢にあってデンマーク系少数者学区の中に住むか，または，そこからそれ程遠くないところに住んで定期的な就学が保証できると考えられる子どものために，デンマーク語を授業言語とする私立国民学校設立要求は承認されるものとする。」
2. 第Ⅰ節2条主文2は，次の表現とする。
　「規則に定められた通学で，就学義務は十分満たされる。」
3. 第Ⅰ節6条は次の表現とする。
　「私立デンマーク系少数者国民学校に就学する国民学校就学義務年齢児童数が最低10名に達したならば，この私立国民学校の維持のために，国庫補助が保証されるものとする。
　学年途中での生徒数の変動は顧慮しないものとする。
　国庫補助は通例，費用の60％とし，これを常勤教員（男女）の俸給に転用できるものとする。
　少数者学校に対して国または学校協会から無料で教室が使用できるならば，教室の賃料は，現金補助の一部と見做せるものとする。」
4. 第Ⅰ節8，9条は次の表現とする。
　8条
　「本規程に謂うデンマーク系少数者とは，国内において，デンマーク人であることを自覚している人々のことを指す。
　少数者に属することの表明は，審査したり，疑ってはならない。」
　9条
　「少数者学校の申請が行なわれる状況で，教育権者が，子どもの名を明示すること，ないしは，少数者学校へ子どもを学籍登録することは，この子どもが少数者に属していることを，十分に表明したものと考えられる。」

C.
　その他の［プロイセン］国土においては，デンマーク系少数者学校制度の規程には，1928年12月31日のポーランド系少数者学校制度規程の諸条項が準用適用される。

> D.
> 文部大臣は，前記1926年2月9日の内閣省令の変更，補足により，省令の新条文を出版する権限を有するものとする。
>
> 　　　　　　　　　　ベルリン，1928年12月31日
> 　　　　　　　　　　プロイセン内閣
> 　　　　　　　　　　　　　［首相］ブラウン　　［文相］ベッカー
> 　　　　　　　　　　　　　［内相］グルツェジンスキー
>
> 内務省令　15514/28，文部省令　AⅢ O3662/28

　1928年の段階で，「自由表明主義」を明示したことの意味は大きい。そして，「デンマーク系少数者」であることの表明に，国家や官庁が疑念をもったり，これを審査したりすることを一切否定しているのである。本論分の以下の章でもまた触れるが，デンマーク系少数者は，この歴史的意義をもつプロイセンの1928年規程を基本にしてデンマーク人としての民族告白，民族文化・教育の権利を主張してゆくのである。

　「ナチス第三帝国」時代になると，デンマーク系少数者に対しては各種の迫害がなされるのであるが，少数者学校そのものを無くすわけにはいかなかった。ビエール著『南・北シュレスヴィヒの少数者教育権』(1960年)によれば，ナチ体制下の1936年に，南シュレスヴィヒにおいてデンマーク語を授業言語とする学校10校，そこに学ぶ生徒は942人と報告されている[3]。

　第二次大戦後，この「自由表明主義」原則は，再び1926年の客観基準主義に舞い戻った。これを，「少数者」は押し返し，民族教育の自由を実現することを主張したのである。

　そこで，シュレスヴィヒ・ホルシュタインにおける英軍の占領政策を跡付けながらそのことを述べてみたいと思う。

---

[3] Biehl, S. 40.

2. イギリス占領軍の教育政策

　第二次世界大戦の敗北後，シュレスヴィヒ・ホルシュタイン州はイギリスによって占領統治された。戦後の南シュレスヴィヒ状況の変化の基底に，英国のシュレスヴィヒ・ホルシュタイン政策がある。英国占領軍は，時として相矛盾する政策，ないしは新たな状況下で，それまでとは逆の占領政策を取るのである（そのことが少数者に期待と危惧を抱かせ，少数者運動の「高揚」と「停滞」とをもたらすことになるのだった）。

(1) 英軍告知（1945年10月13日）

　大戦で敗北したドイツのシュレスヴィヒ・ホルシュタインは，先に記したように，ドイツのみならず旧ドイツ帝国領からも大量の疎開者，避難民，東方追放者，そして武装解除された兵士であふれた。食糧難と住宅難，治安の悪化に，人々は呻吟していた。そのような中で，デンマーク系少数者のデンマーク復帰要求は現実性を帯びていた。

　しかし1945年5月9日，デンマークの全党内閣のブール政権は，逸速く「国境画定声明」を発して，新たな国際紛争の出来(しゅったい)を防いだ。これに落胆するドイツ国内のデンマーク系少数者に対して，デンマーク政府は，物心両面での援助で応えている。また，英軍は，ナチス・ドイツに迫害されていたデンマーク系少数者をドイツ民主化の担い手としてこれを援助，促進した。占領直後の英軍の指示（1945年6月4日）は，デンマーク系少数者への期待を表明している。

　　a) デンマーク人［デンマーク系少数者の意。以下同じ］財産の押収停止
　　b) 強制労働の停止
　　c) デンマーク人を行政ポストへ
　　d) デンマーク運動の支援[4]

そして1945年10月13日に英軍は告知を行なって，大戦の末には9校，生徒数437人にまで減少していたデンマーク系少数者学校の建設，促進を指示した。

生徒の受け入れ：
　受入条件A：　デンマーク系少数者とする。ただしナチス子弟は除外
　受入決定B：　1）両親がデンマーク学校出――子どももデンマーク系学校
　　　　　　　2）両親がデンマークまたは南シュレスヴィヒ生まれ
　　　　　　　　――子どももデンマーク系学校（1に準ずる）
　　　　　　　3）両親の一方がデンマークまたは南シュレスヴィヒ生まれ，他方はアイダー川の南生まれ――試験を行なってデンマーク系学校入学可
　　　　　　　4）両親共にアイダー川の南生まれ――入校不可[5]

　この生徒受入決定に際して，上記**客観条件**が重要となった。さらに英軍は，受入審査においては「デンマーク系学校協会員75名の決定」を望ましいとしたのであるが，これは実際的には，親がシュレスヴィヒ協会に所属することを前提とし，その子どもを同協会の意見に基づいて受け入れるということである。
　また，デンマーク系学校設立・運営に関する英軍とデンマーク系少数者との合意内容は次の通りであった。
1）学校の開設申請――デンマーク系学校協会（dänischer Schulverein）により直接教育管理将校へ申し出る。
2）英軍との連絡――デンマーク人学校長 Hansen とデンマーク連絡将校トゥッシェング（Toussieng）中尉。
3）デンマーク系学校内での政治活動の禁止[6]

---
[4] A. a. O., S. 37.
[5] A. a. O., S. 38.
[6] A. a. O., S. 39.

これは明らかに少数者に全面的なフリーハンドを与えることだと言える。ここで注目されるのは,「連絡将校」である。はじめトゥッシェングが担った連絡将校（デンマーク軍人）の役割は,

a）デンマーク政府
b）南シュレスヴィヒ少数者
c）英国占領軍

との間の連絡調整である。ビエールは,デンマーク人学校長ハンゼンに対して,デンマーク人連絡将校トゥッシェング中尉の方が「アクチブであった」と述べている。これは,当時の南シュレスヴィヒ行政分離のことも含めての姿勢全体のことであろう。

(2) 新デンマーク運動の高揚（1945-1948年）

この英軍の支援と「客観基準」の採用,そして1945年11月22日のデンマークの政権交代がさらなる追い風となった。政権が,それまでの穏健現実路線のブール内閣から対独対決型,強硬派のヴェンストル党クリステンセン（Kristensen, Knud）内閣に代わり,国境政策につき「自己決定論」を主張し始めたからである[7]。クリステンセン首相は「私人として」統一集会に参加,「南シュレスヴィヒ」の行政分離・デンマークとの結合を積極支援したのであった（もっとも,これが命取りとなって内閣は倒壊するのであるが）。

これらを受けて,デンマーク系少数者はデンマーク民族団体「南シュレスヴィヒ協会（SSV）」（1946. 1. 31 再発足）に「デンマーク人表明」をして大量加入（「**新デンマーク運動**」）。それと共に,選挙におけるデンマーク系候補者の得票,ならびにデンマーク系学校とその生徒数も,飛躍的に増大するのであ

---

[7] Höffken, S. 39.

る。いま，その変化を一覧に纏めると次のごとくである[8]。

1) SSV の会員数

表 4. SSV 会員数の変化（1945-1948）

年	1945	1946	1947	1948
会員数（人）	2,728	11,801	66,317	74,683
1945 年比（倍）	1	4.3	24.3	27.3

資料：Biehl (1960), S.39, 49 を合成して作成。

SSV の会員数は，1948年，終戦時の1945年に比して27倍となっている。これはもちろん，戦後の英占領軍政策並びにこれに基づくドイツ州政府の民族学校教育政策の原則となった「客観基準」により，民族学校への就学はSSVという民族団体に所属する者に限るとされたことが最大の理由である。しかしそれと共に，戦争中デンマークが，ナチス・ドイツに対して容易には屈従せず，ユダヤ人保護を行なうなど民主主義と人権を追求した姿勢への尊敬とあこがれ（「北の民主主義」論。南シュレスヴィヒ分離要求書に見られるような），さらに，戦後の物質的な苦境・精神的な空白感の中で，連合軍諸国に比しても誇るべき自分たちの「祖国」デンマークに近いところに身をおくことによって精神的な安定を得ようとしたことなども指摘できよう。その他，SSV会員には食料等の物質供給を優先的に英軍より受けることができたから，との理解もあるが[9]，これについては真偽を確かめる手立ては今のところ無い。

---

[8] Biehl, S. 39, 40 より。
[9] ヘフケンはこれについて大要次のように述べている。「分配特例がデンマーク運動高揚の原因とするドイツ人歴史家を，デンマーク人研究者は非難する。実際，1945-46年に会員への支給は狭き門だった。1946年2月からは新メンバーに全く援助はなくなった。しかし，生徒の給食，病人の養護は大きかった。ドイツ側からの援助はなかった」と。Vgl. Höffken, S. 23ff.

表5. デンマーク系候補者の得票数

年	1933	1946	1947
票	4,658	82,092	99,500
1933年比（倍）	1	17.6	21.4

資料：表4に同じ。

2）シュレスヴィヒ・ホルシュタインのデンマーク系候補者の得票増

シュレスヴィヒ・ホルシュタインのデンマーク人得票数を見たとき，戦前の1933年（4,658票）に対して1947年（99,500票）は，じつに21倍である。これはもちろん，1947年に66,317人の会員をもつに至ったSSVへの強い支持を反映したものであるが，それとともに，少数者が自分達の生活を脅かす存在と見た避難民（東方追放者，疎開者を含む）の支持も併せ獲得したからである。「新デンマーク運動」の高揚は，1947年にデンマークの政権が，それまでの国境強硬派ヴェンストル党のクリステンセン内閣から，穏健現実派のヘドトフツ（Hedtofts, Hans）内閣（SPD）になってからも衰えはしなかった。ヘドトフツ政権は，先の内閣のように行政分離要求や避難民再移住要求のような他国政策への介入は行なわず，ただ，デンマーク人表明をしたドイツのデンマーク人に対して，①物質的支援，②デンマーク文化保護，という「支援」を行なったのみであった。

3）デンマーク系少数者学校増

表6. デンマーク系少数者学校・生徒数

年	1936	1945	1946	1947	1948
学校数	10	9	36	50	60
1936年比（倍）	1	0.9	3.6	5.0	6.0
生徒数	942	436	5,185	9,160	14,128
1936年比（倍）	1	0.5	5.5	9.7	15.0

資料：Biehl（1960），S. 40-41, 45, 49.

最後に少数者学校と生徒数についてであるが，1948年の学校数は1936年の6倍，生徒数はと言うと約15倍である。本書で参考にしたビエールは，このおびただしいデンマーク系少数者学校増と生徒増は「希望のない現在からの脱出」を子に託したのだとして，その理由に社会的弱者としての少数者の①物質的困窮，②ドイツ文化への愛着の弱さ，を挙げている[10]。

　いずれにしても，この「新デンマーク運動」の増大は未曾有の事態である。この増大振りを見て，英軍は，「新デンマーク運動」自体に恐れを抱いた。それと共に，増大者の中に旧ナチ者が紛れ込んでいるとの疑惑をもち，さらに，先に見たようなデンマーク政府の「介入」を怒って，シュレスヴィヒのデンマーク系学校新設認可36校の取り消しという挙に出た。のちにこの処置は撤回され，デンマーク系少数者学校の設置申請が認められるが，この事件は，英国・英軍が最早デンマーク系少数者をドイツ民主化の担い手と期待することをやめ，彼らならびに背後のデンマークを，英国の占領政策遂行にとって疎ましい存在と考えるようになってきたことを示している。

(3) 英軍政府書簡（1946年10月22日）

　さて先の英軍告知から1年後，英軍政府はSSVに宛てて，南シュレスヴィヒ教育問題を，今後は「合同委員会」を組織してここで検討すると提案した。「合同委員会」の構成者は次の3者である。

・英軍
・ドイツ側州政府
・少数者代表

　ここにドイツ側州政府が参加していることに注目する必要がある。第二次世界大戦を引き起こした被占領国ドイツは，大戦後には英軍の占領政策に従うの

---

[10] Biehl, S. 41.

みであったが，次第にその状況は変化しつつあった。英国の占領政策変容に加え，とりわけ少数者教育問題については，教育政策実行当事者の参加を欠くことはできなかったということができるであろう。

第1回「合同委員会」は，1946年11月7日に開かれた。英軍（ウィルコックス（Wilcox）大佐），ドイツ州政府（Dr. エーダート（Dr. Edert）），少数者代表（B. ハンゼン（Hansen, Bernhard），C. ハンゼン（Hansen, Cornelius））の会合した席上で，ドイツ側Dr. エーダートは，「**相同性原則：Prinzip der Gegenseitigkeit**」を主張している[11]。最終委員会は1947年5月2日開催，未決問題として以下の4点を提起して終幕した。（これが，その後デンマーク系少数者の対州政府交渉の主要課題となるのだった。）

 1. ドイツ系学校，デンマーク系学校のいずれを選ぶかは父母の権利
 2. ドイツにおけるデンマーク系学校のアビトゥーア効力
 3. デンマーク系少数者学校へのドイツ州政府からの国庫補助
 4. 公立デンマーク系少数者学校の存続[12]

(4) 英軍大綱（1947年5月23日）

英軍政府書簡の半年後，1947年5月23日，英軍は厳しい話し合いの後，SSVに「英軍大綱」を送付した。「大綱」は，戦後2年間の情勢変化を考慮して新たな少数者教育方針を提起し，これを将来も存続する少数者学校の原則としたものである。ちなみに，これを州政府に示すことも述べられていた。この2年間の情勢変化とは，主として次の2つである。

---

[11] 「相同性原則：Prinzip der Gegenseitigkeit」とは，「北シュレスヴィヒ」（1920年の国民投票でデンマーク領となった）のドイツ系少数者と，「南シュレスヴィヒ」（ドイツ領）のデンマーク系少数者とに「同一の」民族学校原則を樹立するという考え方。これは，生徒数から言っても「南シュレスヴィヒ」（「増大」前の1945年に9校436名）よりもごく少数の「北シュレスヴィヒ」（1946年に4校174名）が，公立学校を止めて私立学校となったことにならい，南シュレスヴィヒで要求の強かったデンマーク人公立学校を私立学校化させる論拠となった。Vgl. Biehl, S. 43.

[12] Biehl, S. 44.

(1) デンマークに国境再変更の意志のないことが判明——英国の国境変更打診「9月ノート」(1946.9.9) に対して，デンマークは，回答を「10月ノート」(1946.10.19) で示した。デンマークは国境変更を望まない旨表明した。
(2) 冷戦の進行——東西冷戦の進行は戦後民主化政策にブレーキをかけた。旧ナチ者の排除＝非ナチ化を不完全なものとし，戦後の諸政策の見直しが始まる。

その結果，英国占領軍は，占領政策においてこれまでのデンマーク系少数者優遇策を見直し，一転してこれに厳しい姿勢を示すことになる。終戦直後のデンマーク系少数者へのフリーハンドを改めて，これを次第に，ドイツ州政府の統治に任せるようになるのだった。その意味で，1947年5月23日の英軍大綱は，このターニングポイントを象徴する内容であった。そこで，この内容をやや詳しく述べてみることにしよう。

I. 学校制度
(1) 開校手続き (Punkt 1 a)
少数者学校の開校は，今後英軍でなく，ドイツ州政府への届出制とする。
(2) 入校生徒 (Punkt 1 b)
少数者学校に入れるのは，次の者の子弟である。
aa) 父母共にSSV会員
bb) 父母が元ナチスのため今までSSVに入会できなかったが，しかし，今，必要条件を満たす者
cc) 父母の一方がSSV会員
dd) すでにデンマーク系少数者学校に通学している者
［1945年告知との違い（小峰）：
1945年告知——父母の出生地を問題にする（アイダー川の北）［＝出生地という客観基準］
1947年「大綱」——SSV会員であるか否かを問題にする＝民族の告白（das nationale Bekenntnis）を問う［＝団体所属という客観基準］］

(3) アビトゥーア等（Punkt 1 c）
　　　　新学校にアビトゥーア等の試験は付与されない。但し，今後の話し合いの余地はあるとされた。
　　(4) 相同性原則（Punkt 1 d）
　　　　「州政府は，北シュレスヴィヒにおける［ドイツ人］少数者学校に対して行なわれる方法によるコントロールを行使する。」
　　　　　　　⇩
［英軍はデンマーク系少数者学校とドイツ系少数者学校を「同様の性格のもの」として等値。］
　　(5) 設立の最小生徒数（Punkt 1 e）
　　　　デンマーク系少数者学校の設立最小数10名
Ⅱ. 有効期間
　　本原則の有効期間は，1949.6.1までとする。
Ⅲ. 私学のみ
　　公立デンマーク人少数者学校は，1948.4.1までとする。その後は，私立学校に再編する。その時まで，相同性協定を目指していなくてもである[13]。

　英軍「大綱」は，有効期間が1949年6月1日までとされていた。これは，2年間の暫定規程であって，「大綱」はその間に，ドイツ州政府の統治回復と民族教育問題についての基本方針の確立（少数者との話し合いを含む）を見込んでいたと考えられる。そして実際，歴史はこのような方向で推移したのであった。
　（「ロンドン円卓会議」（1948.10. 18-23）ならびにドイツ，シュレスヴィヒ・ホルシュタイン州政府と少数者代表による「キール会談」（1949.3.29-1949.7.7）については別章で扱う。）

3. シュレスヴィヒ・ホルシュタイン学校規程（1947年8月1日）と少数者の反発

　「英軍大綱」にほぼ対応して，1947年8月1日，「シュレスヴィヒ・ホルシュタイン学校規程」が成立。当時の文部大臣はククリンスキーであった[14]。

---

[13] Vgl. A. a. O., S. 44-45.
[14] ククリンスキー文相（Kuklinski, Wilhelm）：ククリンスキーは，すでに戦後第1代のシュ

被占領国ドイツは国として認められず，憲法（基本法）も無い。州庁は英軍により，かつてのシュレスヴィヒからキールに移された。州内には飢えと混乱とが満ち，現在「嵐のように」強大となってドイツからの分離を主張しているデンマーク系少数者がいる。「州政府」としては，彼らの教育をどう位置付けたらよいか，まことに不透明な状況であった。その際，占領国英軍の指示は絶対であった。1947年の学校規程はしたがって，この大枠に沿いながら，しかし未決の問題には一定の留保を付して，兎も角も戦後の少数者教育を歩みだすための指針と言えるであろう。

いま，それの概要を述べるならば以下のようである。

I．基本性格（§1）
 ・本規程は「英軍大綱」（1947.5.23）に対応。但し，デンマーク語を授業言語とする私立学校就学については未決定とする。
II．就学条件（§2）
 ・SSV正会員のみ。ただし一方の親のみで可だが，2親ともにSSV所属が望ましい[15]。[客観基準]
 ・入校を許される者：SSV会員の子，および，これまでナチスゆえに

テルツァー首相時に文相・首相代理。次のリューデマン内閣でも文相（1949.1.24まで。それ以後はDr. カッツ）。州長官タイヒャート。彼の後任としてニュダールが1947.10.1に州長官(Landesdirektor)に任ぜられた。
Vgl. Jürgensen, Kurt: „Der demokratische Neuanfang in Schleswig-Holstein unter britischer Besatzungsherrschaft 1945-1949". In: Weber, a. a. O., S. 238-9.

[15] これは1946年9月9日の「SSV入会条件」に対応する。すなわちSSV規約第5条で，SSV入会は「旧アイダー川線」以北のレンズブルク郡ほかの地域に住み，18歳以上，ナチスと無関係で，1946年初めにすでに本人がデンマーク系少数者団体の会員，または父親ないし母親が会員の者とし，それ以外に同線以北で生まれた祖父母をもつ者等に認められていた。

Jäckel, Eberhardt: Die Schleswig-Frage seit 1945. Dokumente zur Rechtsstellung der Minderheiten beiderseits der deutsch-dänischen Grenze. Frankfurt am Main, Berlin: Alfred Metzner Verlag, 1959, S. 25.

「旧アイダー川線」とは，ホルテナウ（バルト海側）－レンズブルク－フリードリヒシュタット（北海側）を結ぶアイダー運河線ということである（＝シュレスヴィヒ南境）。以上の入会条件の意味するものは，明瞭な客観基準であるということ，それと共に疎開者，避難民のような外部の人間の入会を阻んでいること，を指摘できるであろう。

SSV加入できなかった者で，条件を満たす者の子弟。
Ⅲ．学校制度（§3）
・州政府の設立許可が必要＝北シュレスヴィヒでも同様。[**相同性原則**]
・教員給与のみ州が負担。30人クラス：60％を負担，その他：30％負担。
・学校監督――北シュレスヴィヒと同様。
・上級学校――小学校の設立条件に準ずる。ただし，当分の間，国家試験実施権は無い。
Ⅳ．国家試験（Examina）（§10）
北シュレスヴィヒでもドイツ人少数者に国家試験なし
　　　↓
・南シュレスヴィヒでも無しとする［相同性原則］
・教科内容――ドイツ語，ドイツ史，地理，公民については必修とし，十分な授業時間をとるものとする。［学力がドイツの学校に劣ってはならない］
Ⅵ．公立デンマーク少数者学校（§13）
・**1948.4.1に私立学校へ転換する**――英国同意。ただし，移行期間には「相同性原則に合致しないことがあってもよい。」[16]

この学校規程は，当事者である少数者，ならびに彼らの「後見人」役であるデンマーク国の反発を呼んだ。SSVは州政府に抗議の書簡を送り，そのコピーが英国司令部にも届けられた。批判は次の5点に関わっていた。

1）客観基準による就学許可
2）教員給与上限60％
3）「相同性原則」
4）アビトゥーア（国家試験）権の剥奪
5）公立校の私立化[17]

これらについて若干補足しよう。

---

[16] Vgl. Biehl, S. 46-48.
[17] Ebenda.

1）客観基準による就学許可

　少数者は「客観基準」に反対した。SSVに所属することがデンマーク民族教育を受けるための必要条件であってはならないとしたのである。「少数者」が「少数者団体」に所属し，彼らの子弟が「少数者学校」に就学するのはきわめて一般的なことであったから，これは一見奇異に感じられるかもしれない。しかし，団体所属のような「客観基準」を条件とすることは，個人の教育の自由を制限するからである。ドイツの学校に就学してドイツ社会に適応することも，デンマーク系学校に就学してデンマーク文化に接近するのも，ともに開かれていることが自由なのである。

　これは，日本のような閉ざされた文化空間では考えにくいが，シュレスヴィヒというデンマーク人・ドイツ人が共住する地域，また，日常的にドイツ語・デンマーク語・フリースランド語が語られる多言語地域という文化空間を考えて初めて理解できる。また，プロイセンが1928年から「**自由表明主義**」を確立したことは先に述べたが，デンマークではすでに，**1920年から「自由表明主義」**が，当の「ドイツ系」少数者に対して行なわれているのだった[18]。

2）教員給与上限60％補助（30人クラスのとき），30％補助（それ以外）

　南シュレスヴィヒでは，それまで公立学校（一部は私立学校）としてデンマーク系学校が存在してきた。したがって，少数者の側ではこの条件悪化は受け入れることができない。南シュレスヴィヒの人口過疎地域では，生徒規模の小さい学校が出現する可能性は大きい。そのときは30％の教員補助のみとなってしまう。たとえ私立学校に移行するにしても，人件費以外に校舎賃料等の物件費がかかる。一定の国庫補助（州政府補助）は必要である。［後に，1949年3月3日州政府に届けられた少数者の「南シュレスヴィヒ教育法案」では，「国

---

[18] Vgl. Höffken, S. 18.

庫補助は，当該学校の全経費の80％とする」ことが求められていく[19]。人件費・物件費も含めた全経費の80％公費補助，というのが少数者の側の期待値である。]

3)「相同性原則」
「相同性原則」の名の下に，「南シュレスヴィヒ」の学校を，歴史的事情の異なる「北シュレスヴィヒ」の低い水準に合わせる必要は無い。また，すでに少数者教育をすすめているデンマークの制度改革を迫ることは内政干渉である。ドイツ側学校規程に対して，少数者側の怒りが寄せられた。

4) アビトゥーア（国家試験）権の剥奪
アビトゥーアを取得して，青年はドイツの大学に進む。ドイツの中等学校とカリキュラムの異なるデンマーク系少数者学校に，アビトゥーア実施権を認めないのは不当だった。また，アビトゥーア以外の各種資格は，職業生活と直結している。これの保障が必要であった。

5) 公立学校の私立化
両国の歴史・文化の違いを反映して，教育制度も異なる2国である。現在の水準を後退させるような「改革」は，少数者の望むところではなかった。（しかし，ドイツ州政府の説明では，いずれもデンマークの新学制に合わせたものだとする。特に公立校の私立化は，すでにデンマーク側「北シュレスヴィヒ」で1946年から実施されているものだ，と[20]。）

少数者の反発，デンマークの不快感にも関わらず新学校規程は実施される。

---

[19] Entwurf. Gesetz zur Regelung des dänischen Schulwesens in Südschleswig. LAS Abt. 605 Nr. 472.［ページなし］
[20] Biehl, S. 44.

英軍は，少数者が特に強く要望した公立学校維持の声に対応することなく，また，デンマークも，反対はしたが，最終的にこの変更を了承することになる。舞台は，デンマーク系少数者とシュレスヴィヒ・ホルシュタイン州政府との「直接交渉」に移された。

第5章
ロンドン円卓会議

シュレスヴィヒ・ホルシュタイン州首相（左端）
リューデマン（Lüdemann, Hermann 1880-1959）
出典：Lange（2003），S. 651.

1. 州政府閣議

1948年10月18日（月）シュレスヴィヒ・ホルシュタイン州政府閣議。内務大臣ディークマンが報告した。

> ……ラジオ放送につき報告いたします。ロンドンで行なわれたシュレスヴィヒ問題に関する［英国と］デンマーク外相ラスムッセンとの諸会談で，消息筋の観測では，今までの報道とは異なり，一同は現在どうも，シュレスヴィヒに一定の自治を保証させたい意向のようであります……[1]

閣議では報告に引き続いて長い議論が行なわれ，その結果，次のように決した。

> 「州政府はいま一度，基本的な考えを［占領軍］総督宛の書簡の中で明らかにする。書簡は同日，民間人総督にも送ることとする。また，州政府の立場はプレスで公にする」と[2]。

この日の閣議は午前10時30分開始，午後2時25分終了。約4時間に及んだ。また，この日の議事録には，シュレスヴィヒ問題に関連して次のような記録がある。

> 「f 首相代理ディークマンは，ニーダーザクセンへの再移住計画に関する州首相コプフの書簡を紹介した。主席州長官ミュトリングが，書簡の最重要点を読み上げた。州大臣ダムは，書簡の正当性を確認した。
> 　　　　　　　　　　7. 雑　件
> a) 州大臣ケーバーが，SSVの州議会団の報道について報告した。それによると，10月16日（土），SSWの集会で催涙ガスが使用された由である。内務大臣が警察に宛てて，公正な選挙戦が保証されるよう警察宛に一般省令を発することが承認された。さらに，選挙集会妨害に対しての新聞警告を公にすること，ならびに，郷土同盟住所宛にこのような内容の書簡を送付することとした。」[3]

---

[1] 閣議議事録（1948.10.18) LAS 605 Prot. Nr. 2, S. 74.
[2] Ebenda.
[3] A. a. O., S. 75.

第5章 ロンドン円卓会議　73

　ニュダールの戦後史を追って，私はシュレスヴィヒ市の州立公文書館にやって来た。シュレスヴィヒ・ホルシュタインの少数者教育をめぐり，英国とデンマークとの交渉（「**ロンドン円卓会議**」），また，少数者と州政府との交渉（「**キール会談**」）の過程を明らかにしたかったからである。そして，それらを通して，シュレスヴィヒ・ホルシュタインにおけるイェンス・ニュダールの果たした役割を解明するのが目的であった。

　州政府閣議議事録は，旧州庁所在地シュレスヴィヒ市の州立公文書館に保存されている。閲覧は研究者には認められているが，それには事前に州首相府の許可が必要である。数回にわたる面倒な書状のやり取りの後に，漸く閲覧することのできたタイプ刷りのオリジナルの議事録を繰っていくと，そこここに閣僚らの手書きのメモがあった。シュレスヴィヒ・ホルシュタイン州の運命，というよりはドイツの運命，国境変更の可能性もあるこのロンドン会議前後の状況の中で，州政府閣僚らの懸命な討議の姿が浮かんでくる。閣議議事録には出席者の役職ならびに出席時間も正確に記されていた。このときの閣議に州首相リューデマンは欠席しているので，例えばその次の1948年10月25日（月）の閣議の出席者を見ると次の通りである。

「出席者
1. 州首相　リューデマン（議長）　　8. 州大臣　　　ダム
2. 州大臣　ケーバー　　　　　　　　9. 〃　　　　　Dr. カッツ
3. 〃　　　Dr. シェンク　　　　　　10. 主席州長官 Dr. ミュトリング
4. 〃　　　ディークマン　　　　　　11. 州長官　　　Dr. ラウリッツェン
5. 〃　　　Prof. Dr. プレッラー　　12. 〃　　　　　ニュダール
6. 〃　　　ククリンスキー　　　　　13. 報告官　　　テッシェンマッハ（報道室）
7. 〃　　　ポーレ　　　　　　　　　14. 〃　　　　　ヴォルタース（書記）
　それ以外の出席
　Dr. ミュラー（食料，農業，森林省）（13:00_）」[4]

---

[4] 閣議議事録（1948. 10.25）LAS 605 Prot. Nr. 2, S. 76.

2. ロンドン円卓会議

「ロンドンで行なわれたシュレスヴィヒ問題に関する［英国と］デンマーク外務大臣ラスムッセンとの諸会談」とは，先の閣議当日から始まった，シュレスヴィヒをめぐる会談（「ロンドン円卓会議」，1948年10月18-23日）のことである。英国は外相ロード・ヘンダーソン，デンマーク側は外相ラスムッセン。「ロンドン円卓会議」は，ドイツのデンマーク系少数者とデンマーク国内野党のヴェンストル党，保守党とが連携し，デンマーク新政府（SPD：社会民主党）に，南シュレスヴィヒ問題に関して積極姿勢をと圧力をかけた結果実現したものである。当時，連合軍はドイツ連邦共和国（「西ドイツ」）の創設作業を行なっていたので，国家意志の明確化の前に国境問題があることを確認しておくことは可能であると考えたからである。穏健現実派のヘドトフツ内閣下にあって，外相ラスムッセンは国境変更問題に積極的に対応，代表団を編成し，少数者の要求を代弁した。その要求は次のものである。

主要要求：
① シュレスヴィヒをホルシュタインから行政分離し，将来的にはデンマークへ併合させる。
② シュレスヴィヒ・ホルシュタインの避難民をドイツ国内へ分散化させる。
③ デンマーク系少数者の公立学校廃止・私立学校転換計画を阻止する。

これまでの叙述で少数者をめぐる状況は一定程度浮かび上がったかと思われるが，これらの要求は理由のないものではなかった。公立学校問題について補足すると，シュレスヴィヒ・ホルシュタインの少数者学校は，「シュレスヴィヒ・ホルシュタイン学校規程」（1947年8月1日）により，1948年4月1日に私立学校へ転換することが定められていた。しかし，州政府は閣議決定でそれを

1949年4月1日にまで延長していたのである。

　そこで少数者は，デンマークの力を借りてこれを阻止したいと考えたのである（すでにデンマーク外相ラスムッセンは，国連で避難民問題をうったえていた）。

　これに対して被占領国ドイツは交渉の部外者であり，英国の占領政策に関わることはできない。シュレスヴィヒ問題をめぐるロンドン円卓会議に州政府は重大な関心を抱いていたが，円卓会議に参加することはできなかったのである。

　シュレスヴィヒ・ホルシュタインと少数者をめぐっては，このような状況であったのだ。英国が「シュレスヴィヒの行政分離」に前向きの判断を示せば，1920年のときのような「国民投票」が行なわれるだろうし，そうなると，ドイツ領として残った「南シュレスヴィヒ」はすべてデンマークに「帰属」することになるかもしれない。さらには，ホルシュタインにも大きく切り込んで「キール運河から北の全地域のデンマーク帰属」の可能性さえ，南シュレスヴィヒ協会（SSV）のラディカルなメンバーは主張していた。この状況で州政府に公式情報はまったくない。ラジオ放送による情報収集という臍をかむ思いの州政府であった。ロンドン円卓会議の行く先は混沌としていた。

3. 州政府と少数者との直接交渉提案，ならびにシュレスヴィヒ・ホルシュタイン教育法

　だが，翌週1948年10月25日（月）閣議，シュレスヴィヒの分離はない，との見通しが明らかになった。議事録から。

「州長官ニュダールが，英国・デンマーク会談の公式コミュニケを読み上げ，Dr. エーラートの報告内容を紹介した。それによれば，ロンドン諸会談でデンマークには毫もシュレスヴィヒの行政分離への承認は与えられなかったとのことである。ただ，州土シュレスヴィヒ（Landesteil Schleswig）におけるデンマーク心住民の文化的利益保護，ならびに避難民の分散化の検討が視野に置かれた由である。
　シュレスヴィヒ全権委員，州長官ニュダールに，1ヶ月以内に作業計画を提出するよう委託した。」[5]

英国は少数者の要求を拒否して，当事者同士の直接会談を提起したのである。
① シュレスヴィヒのホルシュタインからの行政分離は否定。
② 避難民の一掃にも難色。
③ デンマーク系少数者の権利については少数者と州政府との直接交渉を提案。

議事録本文に「シュレスヴィヒ全権委員，州長官ニュダール」なる表現が見出されるが，両2年間の議事録（1948-1949年）の中で，ニュダールに「州長官」だけでなく「州全権委員」の肩書きが付されたのは，翌1949年5月15日（日）・16日（月）の閣議1回のみである。10月25日閣議は10時30分開始，シュレスヴィヒ問題，避難民問題，財政問題等を扱い，17時00分終了。6時間半の長時間閣議であった。シュレスヴィヒ・ホルシュタイン州政府の不安は，まずは解消した。

英国はなぜ少数者要求を拒否したのであろうか。ヘフケンによれば，
① シュレスヴィヒのホルシュタインからの行政分離反対について――当時英国は，シュレスヴィヒ・ホルシュタイン州（Provinz）をラント（邦：Land）化しようとしており，南シュレスヴィヒを行政分離することはこの計画と矛盾する。

---

[5] 閣議議事録（1948.10.25）LAS 605 Prot. Nr. 2, S. 77.

② それと共に
　　a) 南シュレスヴィヒの行政分離はデンマーク統合の第一歩になる。
　　b) これと連動してドイツ側で民族主義運動が高揚する，の各点を警戒した。
③ また引揚者，避難民の増大で国境北上の脅威が出現する中，デンマークが避難民の選挙権制限を主張したのに対して，英国は，彼らの権利制限や避難民の区分けも不可とし，少数者問題はドイツの国内問題として処理させようとした[6]，

からである。「ロンドン円卓会議」で英国は「ヨーロッパ」という視点で対処すべきだと述べた[7]。東西冷戦の進む中，少数者問題をドイツの中の一問題に封じ込め，「西ドイツ」創設を含む西側「ヨーロッパ」の確立と安定を追求したのである。

　占領行政を縮小して次第にドイツの側の統治へ多くを委ねようとしたのは，教育行政についても同様である。州政府は当時，教育行政の根本にあたる「州教育法」を立案中だった。そしてこれは翌年1949年1月8日に閣議決定されるのである。当日議事録より。

　「　　　　　　　　7. 教育法草案──資料 Nr. 2/49 ──
　　州大臣ククリンスキーが資料を説明した。大臣は，本法が公の議論に付せられるように（教育協議会，新聞等），本草案の承認を求めた。内閣は本法を承認し，かつ，遅くとも1949年1月12日（水）までに，各大臣は異議，変更を提出するとのククリンスキー大臣の手続き提案にも了解を表明した。」[8]

少数者に関わるものは，「私立学校」である。教育法案（Schulgesetz für Schleswig-Holstein 1949）は，「私立学校」を次のように規定していた。

---

[6] Höffken, S. 51-53.
[7] Biehl, S. 50.
[8] 閣議議事録（1949. 1.8）LAS 605 Prot. Nr. 2, S. 112.

「 シュレスヴィヒ・ホルシュタイン教育法案（1949年）
　　　　第一節　学校制度の基本原則
　　　　　§2. 公共の課題としての学校
(1) 青少年の学校教育はラントの任務である。これの実行に当たるのは，市町村，郡，ラント，ないしは職能団体が，そのための基準に則って設立しかつ維持する公立学校（öffentliche Schulen）である。
(2) 公立学校の補完物としての私立学校は，新しい教育原則を応用するための実験学校ならびに改革学校（Versuchs- und Reformschulen）としてだけ，また，以下の場合にだけ認められるものとする。
　a) 教育目標ならびに教員の養成は，公立学校に準ずること。
　b) 教育権者の宗教，政治的立場，経済的ならびに社会的地位を顧慮することなく，原則的にすべての児童を受け入れること。
　c) 十分な生徒数が見込まれること。
　d) 教員の経済的ならびに法的地位が保証されていること。
(3) このような学校の許可は，a) からd) に述べた前提条件が存在しなくなった場合，取り消されることがあるものとする。
(4) 許可と取消は，州文部大臣が決定するものとする。
(5) デンマーク系少数者学校の許可については，そのために公布される法律規定が効力をもつものとする。」[9]

　つまり，ロンドン円卓会議の時点では（「ロンドン円卓会議」＝1948年10月18－23日），デンマーク系少数者学校を今後どうするかは未だ確定していなかったのであり，したがって，少数者としてはここに切り込んで，彼らの文化要求を満たす学校を実現する可能性があったわけである。

4. ニュダール任用と州政府

　ワイマール共和国時代にベルリンの教育長をつとめたニュダールが，どのような経緯で，このデンマーク系少数者問題と関わることになったのだろうか。

---

[9] 閣議資料Nr. 2/49（1949.1.8），LAS　Abt. 605 Prot. Nr. 112, S. 8.

これについて私は，周辺研究と資料とをつなぎあわせて一定の像を描いてみることにしたい。

ニュダールがまだベルリン・テンペルホフ区長在任中に，彼は，故郷シュレスヴィヒ・ホルシュタイン州の首相リューデマン（SPD）に請われて，この難局に対することを決意したようである。それには，そもそもリューデマンとニュダールとの関係を知ることが必要である。一体，両者の接点はどこにあったのだろうか。

まず，リューデマンの略歴を見てみよう。

> リューデマン（Lüdemann, Hermann 1880-1959）：
> シュレスヴィヒ・ホルシュタイン首相（1947.4.29-1949.8.29）。リューベック生まれ。実科・産業学校から工業大学出。洋上エンジニア。
> 1912年からSPD党員。1915-1922ベルリン市議。1918-1919労兵評議会議長。1919ワイマール制憲議会議員，1921-29プロイセン下院議員。1920-21プロイセン，オットー・ブラウン内閣大蔵大臣。1929リューネブルク行政大統領，1928-32下シュレジエン上級大統領。当職はドイツ国パーペン首相による「プロイセン・クーデタ」（Preußenschlag）まで。1933年公職を追われる。1936-1944までは映画劇場支配人。
> 戦後，シュレスヴィヒ・ホルシュタインで州議会選挙後首相（1947.4.29），内相兼任。1949.8.29退陣，内相ディークマンに引き継ぐ。[10]

リューデマンは旧ハンザ同盟都市リューベックの生まれである（1937年，シュレスヴィヒ・ホルシュタイン州に編入されるまで自由都市）。作家トーマス・マンの故郷としても知られるリューベックは，歴史と文化にあふれた開明的な町である。それに対してニュダールは，北シュレスヴィヒのトンデルン郡クラウルント村生まれ。先祖はノルウェー人で，ニュダールは12人兄弟姉妹の貧しい家だった。この地方は元々デンマーク人が多いところであり，1920年の国民投票の結果，デンマークに「復帰」した（国民投票第Ⅰゾーン）。ニ

---

[10] Hermann Lüdemann (Wikipedia, aus der freien Enzyklopädie) 参照。

ュダールはその意味で，国境問題の辛酸を自分自身の問題として痛いほど感じていたであろう。後に1947年10月8日ニュダールが州内務省に提出した経歴書を一瞥してみよう。

経 歴 書[11]

　私は，1883年1月27日，トンデルン郡クラウルント村に生まれ，16歳まで当村の単級民衆学校に通いました。
　教員となるために，アペンラーデの師範学校予科校で準備教育を受け，1899年から1904年までトンデルンの師範学校で学びました。
　1904年4月1日からハラースレーベン郡ヘルプ第二小学校で教職に就き，2年後にアルトナ市の教員に転じました。最初は民衆・中間学校で教職活動を展開しました。
　2年間の休職を得てポーゼンに移り，当地のアカデミーに2年間通い師範学校教員資格・学校監督官資格修了試験をパスしました。
　その後教職に復し，半年を経過したところでベルリン・ノイケルンの中間学校から招請があったため，これに応じました。ポーゼンの高等実科学校でアビトゥーアを取得しておりましたため，教職の傍ら，ハンブルク大学とベルリン大学で6ゼメスター学修しました。
　1914年8月に兵役に応召され，1919年1月に除隊しました。
　民衆学校校長を短期間務めた後，大ベルリンの全国民学校を統轄する［大ベルリン教育委員会］国民学校部門長に就任しました。
　1926年に，私は，ベルリン市教育長に選出され，それとともに市参事会の一員となりました。
　1933年に，私はまず休職を命じられ，やがて解職に付されました。ナチス時代の12年間，私は，代理商として働きました。
　1945年5月，私は，ベルリン・テンペルホフ区長に任命され，初めはソビエト司令官の下で，その後アメリカ司令官の下で執務しました。1946年10月22日の選挙で，私は，全会一致で区長に再選されました。
　1947年9月30日の退職で本活動は終了しました。辞任申請はアメリカ軍政府

---

[11] LAS Abt. 605 Nr. 4197, S. 2–3.

> に承認され，それによってシュレスヴィヒ・ホルシュタイン州官庁における新しい部署に就くことが可能となりました。
>
> ニュダール

　公式文書であるので，余計な言葉は無く淡々と述べられている。しかしこれはニュダールの特徴である。寒村に生まれたニュダールは10歳で他家に遣られた。以来ニュダールは，親から離れていること，ドイツ人であること，そして貧しいこと——10歳の少年にとってはまことに辛い状況の中で研鑽を積み重ね，大ベルリンの教育長にまでなっている。ナチス体制下では迫害され，戦後，ソ連軍の指示でベルリン・テンペルホフ区長として「降格勤務」していたところであった。

　一方リューデマンは，同じ頃この地方（但し，当時は自由市）に生まれはしたが，大学で工学を修め，エンジニアの洋上勤務等を経てプロイセン大蔵大臣——と，ニュダールとは異なり表面的には輝かしい経歴である。しかしナチス政権に公職を追われ戦争中は劇場支配人。いかにも理科系出のリューデマンらしい糊口の凌ぎ方と言えるかもしれない。そのリューデマンは，戦後，故郷のシュレスヴィヒ・ホルシュタイン州首相となって，未曾有の混乱，食料・住宅・労働難，避難民の激流，デンマーク系少数者によるデンマーク復帰運動，等の難問に取り組んでいたところである。

　そこで，両者の接点は，戦前のワイマール共和国時代の首都ベルリンでの政治家（リューデマン）と教育行政家（ニュダール）との出会い（二人は共にSPD：社会民主党員）であったと見るのが自然であろう，——今まで私はそう思っていた。

　しかし，このたび当地で調査したところによると，両者の出会いは，もっと以前のことのようである。少なくとも，ワイマール革命時にまで遡ることが可能かもしれないと思えてきたのである。シュレスヴィヒの州公立文書館との文書のやり取りの際，ニュダールの人物調書（これはシュレスヴィヒの州公文書

館に保存されている）以外に，僅かでもニュダールに関わる記述があるかどうか念のため問い合わせると，文書館の司書は親切に関係資料に当たってくれ，その結果2つの記事を紹介してくれた。そのうちの1つが，『国境平和雑誌』というものの中にある論文だった[12]。何とこれの執筆も，かつて私がニュダール像を描いた際に参考にしたシュッパンであったのだが，この論文のワイマール革命期の「労兵評議会」の記述に行き当たったとき，私には，ひょっとして両者の出会いはこの頃にまで遡ることができるかもしれないと思えてきたのである。そして同時に，ニュダールが第二次大戦後，なぜベルリン市教育長でなくテンペルホフの区長となったのかがこれによって納得がいくのであった。それはこういうことである。

　ニュダールはノイケルンの教員時代に第一次世界大戦に出征，ロシアへ歩兵として赴くのであるが，大戦末期には主計将校，経理部配属となってダンチヒ勤務となった。しかし1918年秋には病気（結核）に冒される。その直後，1918年11月3日，キール軍港の水兵の反乱を契機としてワイマール革命が勃発。ドイツ各地で労働者・兵士評議会（レーテ）政府が成立した。ドイツはロシア型の，労働者兵士評議会独裁による人民国家成立直前だった。

　「国民議会かレーテ独裁か」を問うベルリンの全国レーテ大会（1918年12月16日）は，このような状況下で開かれるのであるが，この大会にニュダールは，ダンチヒのレーテ代表として出席した。そして，このときの労兵評議会議長がリューデマンなのだった（1918-1919）。結果的に，「国民議会かレーテ独裁か」をめぐる労兵評議会大会はロシア革命型の「レーテ独裁」を排し，社会民主党が主導する議会主義の道を選択したのである。これについて歴史書は次のように記述している。

---

[12] Schuppan, Michael-Sören: „Jens Peter Nydahl 1883-1967". In: Grenzfriedensbund (Hrsg.) : Grenzfriedenshefte, Heft 1, 1993, Flensburg 1993 (Schuppan (1993 b)), S. 39-48.

「大会は19日に国民議会選挙を決議し、状況は社会民主党に大きく有利に傾いた。しかし、大会は議会主義路線を承認しただけではなかった。18日に『ハンブルク条項』が決議された。この条項は、軍事指揮権の人民代表委員政府への移譲、階級章の廃止、兵士による指揮官選出、正規軍の廃止と人民軍創設などを含むもので、旧軍部を直撃するものであった。さらに最終日の20日に、大会は『それに適した工業なかんずく鉱山の社会化』の即時実施をも決議し、これも資本家を不安にした。大会では社会民主党が実行しえないような決議もあいついだのである。議会主義路線を承認しつつも、他方社会民主党と密着した権力集団を攻撃したことから、レーテ運動は『国民議会』にも『レーテ独裁』（プロレタリアート独裁）にも偏しない自立的な『第三の道』を模索していたともいえよう。民主主義は、議会制度という国制レヴェルにとどまるものではなく、ブルジョワ的変革は社会のそれぞれの分野を『民主化』しなければならないのであった。ロシア革命にはたじろぐものの、戦前の固定された権威主義的な身分制的社会に対する反発はとどめようのないものであったのである。」[13]

大会の決定的投票で、ニュダールは「議会主義」の投票をした。そしてこの事実を、第二次大戦後のドイツ共産党指導部も、ソ連占領軍指導部も知っていて、そのためにソ連占領軍当局は、社会民主党員（SPD）のニュダールのベルリン市教育長復職を退けたのであろう、とシュッパンは推測している[14]。ナチス台頭によって、ワイマール共和国時代の各種指導者がその職を追われたのであるが、それらの人々は、第二次大戦終了と共にかつての職に復していった[15]。ワイマール共和国時代の首都ベルリンで見事な教育行政を推進し、これといった失点のないニュダールが元職復帰できなかった背後には、ソ連の影があったのである。

---

[13] 成瀬治・黒川康・伊東孝之『ドイツ現代史』山川出版社、1990年、187-188ページ。
[14] Schuppan (1993 b), S. 48.
[15] 教育界でもそうであり、典型例として例えば後のベルリン教育大学初代学長のシャルフェンベルク島学校農園校長ヴィルヘルム・ブルーメの例が挙げられる。
　　 Vgl. Haubfleisch, Dietmar: Schulfarm Insel Scharfenberg: Mikroanalyse der reformpädagogischen Unterrichts- und Erziehungsrealität einer demokratischen Versuchsschule im Berlin der Weimarer Republik. Wien: Lang, 2001, Teil 2, S. 875.

以上に述べたような経緯で、リューデマンとニュダールの出会いはワイマール共和国時代よりも前、1918年の全国レーテ大会近辺と考えることができそうである。

　さて、戦後故郷シュレスヴィヒ・ホルシュタインの首相となったリューデマンは、ハンブルクを含む「下エルベ州」の構想を提起するなど、ドイツ（西）の戦後体制の創出に果敢に打って出る[16]。いま、1947年4月29日発足の内閣の顔ぶれを一覧にすると、表7のようになるであろう。（省名称はその後いくつか変更があるが、煩瑣になるので最初のままである。州長官（Landesdirektor）の所属については、分かっているものに留めた）。

　州政府と大臣らについて若干補足しておこう。シュレスヴィヒ・ホルシュタインは、当初は第二次大戦前のプロイセンの州（Provinz）として戦後体制に引き継がれた。それが、イギリスの占領政策により、かつてのビスマルク的な統治のための「上からの」行政から、「下からの」参加・構築的な民主主義政治システムへの転換がはかられ、1946年8月23日「独立州シュレスヴィヒ・ホルシュタイン」が発足する。戦後初代のシュテルツァー内閣（1946.4.11-1947.5.8）は、そのような課題を担う内閣として発足したのである[17]。リューデマン内閣はその次の、戦後第2代目の政府であった（1947.4.29-1949.8.29）。州は、シュテルツァー首相下の1946年6月12日に暫定憲法採択。リューデマンからディークマンに引き継がれて1949年12月13日に州憲法採択、その後1950年1月12日、シュレスヴィヒ・ホルシュタインはここに、かつての州（Provinz）から、ドイツ連邦共和国を構成するラント（邦：Bundesland）となるのである。

---

[16] Lange, Ulrich (Hrsg.)：Geschichte Schleswig-Holsteins. Von den Anfängen bis zur Gegenwart. Neumünster: Wachholtz, 2. Auflage 2003, S. 649-650.

[17] A. a. O., S. 235-237.

表7. リューデマン内閣（1947.4.29-1949.8.29）

番号	大臣名	氏　名	政党	州長官
1	首相	リューデマン	SPD	
2	首相代理	ディークマン	SPD	主席州長官ミュトリング
3	内務大臣	リューデマン（1947.11.6まで）	SPD	Dr.ラウリッツェン
		ケーバー（それ以後）	SPD	
4	大蔵大臣	Dr.シェンク	SPD	
5	食料・農業・林業大臣	アルプ（1948.1.12まで）	SPD	
		ディークマン（それ以後）	SPD	
6	経済・交通大臣	ディークマン（1948.8.6まで）	SPD	
		Prof. Dr.プレッラー（それ以後）	SPD	
7	文部大臣	ククリンスキー（1949.1.24まで）	SPD	タイヒャート（1947.9末まで）ニュダール（1947.10.1から）
		Dr.カッツ（それ以後）	SPD	
8	福祉・労働・厚生	ポーレ	SPD	
9	法務大臣	Dr.カッツ	SPD	
10	再移住・建設大臣	ダム	SPD	（省名不詳：Dr.ズーハン，ヴァルテマン，Dr.ハウスマン，フランケン，ズレート）

資料：Jürgensen（1998），S. 299-225等を基に筆者作成。

省名に，「再移住・建設省」（Umsiedlung und Aufbau）というのがある。これは先に見たように，シュレスヴィヒ・ホルシュタインに押し寄せた未曾有の「避難民」のドイツ国内への分散化を図るために設けられたものである[18]。シュテルツァー政権下ではそのような省はない。次の第3代ディークマン政権（1949.8.29-1950.9.5）時に，この省と「福祉・労働・厚生省」（Wohlfahrt, Arbeit und Gesundheitswesen）は統合されて「社会省」（Soziales）になっている（ダム大臣が継続）。

（なお，第4代バルトラム政権（1950.9.5-1951.6.25）時に「社会省」は「社会・労働・避難民問題省」（Soziales, Arbeit und Flüchtlingsfragen）と改称，第5代リュブケ政権（1951.6.25-1954.10.11）で「労働・社会・追放者省」（Arbeit, Soziales und Vertriebene）と改称され，この省が再び元の「社会省」となるのが，ずっと下って，第8代シュトルテンベルク政権（1971.5.24-1982.10.4）のときである。ここに，漸く避難民問題は終わったということができるであろう。）

首相代理にディークマンが位置している。彼はリューデマン内閣を後継して，次の政権を担うことになる。「ドイツ連邦共和国の一州としてのシュレスヴィヒ・ホルシュタイン州」を確立したのは彼の時代であるが，SPDとしては選挙に大敗，短命内閣であった。**大蔵大臣にDr. シェンク**。財政を担当する彼は，避難民問題をドイツ全体に訴え，避難民の再移住に取り組むのであるが，彼はもともと，長年にわたる国境問題の専門家である。デンマークならびにデンマーク系少数者に対し，ドイツと国境地方のドイツ人（北シュレスヴィヒを含めて）の利益を保全しようとした。キール会談においては，Dr. ラウリッツェン，ニュダールと3人で「ドイツ側対案」を作成して，劣勢状況を反転させる。デンマーク系少数者との交渉に際して，古参国境専門家の面目躍如といった役割を果たすのである。**内務大臣付の州長官にDr. ラウリッツェン**

---

[18] Vgl. Wissel, Manfred: „Demokratie und Integration: Flüchtlinge und Vertriebene in Schleswig-Holstein 1945-1950". In: Weber, a. a. O., S. 262.

(Dr. Lauritzen, Lauritz, 1910-1980)。後年ドイツ連邦議会議員となって，キージンガー政権，第一次・第二次ブラント政権の閣僚（建設，交通大臣等）をつとめる彼も，シェンク，ニュダールと案を練るのである。**文部大臣のククリンスキー**は，すでにシュテルツァー内閣から文相として入閣，首相代理をつとめ，リューデマン内閣でも文相である[19]。

さて，このような陣容で出発したリューデマン内閣であったが，難問の山積する文部省（本書においては北シュレスヴィヒのドイツ系少数者問題には触れないが）で，半年経たないうちに州長官のタイヒャートが退任することになった。理由は定かではないが，恐らく，デンマーク系少数者教育問題等で心労が重なったものと思われる。しかし，この部署はリューデマン内閣にとって欠くことができない。内閣はその後任に，かつてのベルリン市教育長ニュダールを充てることを決定した。州内務省文書に，その経緯がよく表われている。

キール，1947年10月7日

シュレスヴィヒ州政府内務省発　I／3 [20]

大蔵省　殿
（州庁内）

主題：区長イェンス・ニュダールをベルリンより州長官として招聘する件

　内閣決定により，文部省付き州長官タイヒャート氏はその職務を免ぜられました。
　現在，タイヒャート氏を休職に付すのがよいか，それとも，それ以外の任務につけるのが可能かどうか検討しているところです。
　しかし，職務上の理由から，当州長官の部署は早急に充足すべきでありますので，内閣は，区長ニュダールを州長官とすべくベルリンより招聘することを

---

[19] Jürgensen, S. 238ff.
[20] LAS Abt. 605 Nr. 4197, S. 21.

> 決定いたしました。
> 　ニュダール氏は，すでにその職を退きました。参事官クナウト氏と上級参事官メンシング氏との間の話し合いに基づき，ニュダール氏への給与支給は枠外支払いで行なうようよろしくお願いします。
>
> 　　　　　　　　　　　　　　　　　　　　　　委託を受けて
> 　　　　　　　　　　　　　　　　　　　　　　クラウゼン

　文書に，「ニュダール氏は，すでにその職を退きました」とある。彼は，1945年5月にソ連軍によって区長に任命されて執務し，1946年10月22日の選挙で再選されたばかりである。1年も経過していなかったが，ニュダールにとって幸いなことに，このときすでにテンペルホフはソ連占領軍の管轄からアメリカ占領軍管轄に移っていた。1947年9月10日，ニュダールは書面でアメリカ軍当局に退職を願い出た。米軍政府ベルリン地区事務所副長官，ウイリアム，T. バブコック（准将）は，ニュダールの辞任をみとめた。米軍は事態の重要性を十分に認識したものと思われる。許可状は次のようである。

許可状[21]

> アメリカ軍政府ベルリン地区事務所
> 副長官事務所
> 　　　　　　　　　　　　　　　　　　　　　　APO 755，米軍
> 　　　　　　　　　　　　　　　　　　　　　　1947年9月15日
>
> 行政区長ニュダール　殿
> テンペルホフ区庁
> ベルリン通り 136／139
> ベルリン・テンペルホフ
>
> 拝啓
> 　貴殿が，イギリス占領地区の公的活動を引き受けるために，公職退任を願い

---

[21] LAS Abt. 761 Nr. 7215, S. 23.

出た1947年9月10日付の書状を確かに受け取りました。

　当司令部は，貴殿の側のかかる活動に対し，何らの障害も有しないことをお伝えします。
　　　　　　　　　　　　　　　　　　　　　　　　　　　　　　敬具
　　　　　　　　　　　　　ウイリアム，T. バブコック
　　　　　　　　　　　　　准将　FA
　　　　　　　　　　　　　副長官

　当時の文部大臣ククリンスキーは，シュレスヴィヒ・ホルシュタインの英軍司令部CCG（Control Commission for Germany, British Element）をニュダールと共に訪れている。こうしてニュダールのシュレスヴィヒ・ホルシュタイン州長官就任は了承されたのであった。リューデマンの発令した州政府文書には，僚友ニュダールを迎えられる（すでに迎えたようであるが）喜びが溢れている。

　　　　　　　　　　　　　　　　　　　　　　　　キール，1947年10月17日
シュレスヴィヒ・ホルシュタイン州政府
首　相　発
I／3b [22]

　　　　　　　　主題：　区長ニュダールを文部省付州長官に任命する件

1)　メモ
　内閣の決定に基づき，職務を退任する州長官Dr.タイヒャートに代わって，前ベルリン区長イェンス・ニュダールが招聘された。
　ニュダールは1883年1月27日，トンデルン郡に生まれた。つまり，生まれながらの北シュレスヴィヒ人であって，現在65歳である。
　彼は終身にわたり任命される予定である。
　本日の文部省の電話での情報――ROI. ブルーメ――によれば，州大臣ククリ

---

[22] LAS Abt. 605 Nr. 4197, S. 24-25.

ンスキーは，ニュダールと共にCCGを訪れた由である。
　後者〔CCG〕は，単に〔修正〕口頭でニュダール氏の州長官就任に同意を与えた。
　文部省がCCG告知を文書で確認するのは近いうちのことである。
　州長官ニュダールは本年9月末にすでにその職務に入っている。
　彼への俸給支払は，本年10月1日をもって始まることになっている。
　　　　　　　　　　　　　　　　　　　　　　　　署名
　　　　　　　　　　　　　　　　　　　　　　　　リューデマン
　2) 以下の書類は，上質の紙に清書するものとする。
　　　　　シュレスヴィヒ・ホルシュタイン州政府の名において
　　　　　　　本官は
　　　　　　　元区長の
　　　　　イェンス・ニュダールを
　　　　　　　州長官に任命する。
　　　　　　　　　　　　　　　　　　　　キール，1947年10月1日
　　　　　　　　　　　　　　　　　　　　　首　相
　3) 州長官イェンス・ニュダール　殿
　　　　　（キール）
　州政府内閣の決定に基づき，本官は，貴殿をシュレスヴィヒ・ホルシュタイン州政府文部省勤務に付し，添付文書のように貴殿を州長官に任命した。
　招聘と同時に，本官は貴殿を，正規職国家俸給グループB7aとして1947年10月1日発効で任用している。
　貴殿の勤続年数ならびに俸給割当確定のために，貴殿には追って通知が届けられるはずである。
　4) 上記3) 文書に関しては，コピーが作られるはずである。その中には以下の記述が入ることになっている。
　コピー：
　　　　文部省　殿
　　　　（キール）

　以下のことにつきまして，ご承知おき下さいますようよろしくお願いします。
　大蔵省としては，州長官ニュダールの俸給は，州長官タイヒャートの退職までは，文部省の員外費用で支給されると理解していることを申し上げます。
　5)　部署編成計画への報告　I／3a
　6)　勤続年数の確定ならびに1947年10月1日以降の俸給計算依頼にかかわる

報告 I／4
7) 人事調書点検
8) ポスト就任のため，上記1-7完遂に関する証明
9) 決済済

内務大臣，首相	I	I/0	I/3
√	［署名］20/10	［署名］20/10	［署名］18/10

かくてニュダールのシュレスヴィヒ・ホルシュタインにおける活動が始まったのである。

第6章
少数者提案

ヘルマン・クラウゼン（Clausen, Hermann 1885-1962）
デンマーク系少数者代表の一人で，シュレスヴィヒ市長，のちに西ドイツ国会議員となる。「南シュレスヴィヒ選挙人連盟」（SSW）第3代議長。写真は1947年頃のもの。（写真提供，SSW）

ロンドン円卓会議で，英国から，「南シュレスヴィヒ」のデンマーク系少数者とシュレスヴィヒ・ホルシュタイン州政府との直接交渉が指示された。これから，その「キール会談」を追ってみたいと思う。「南シュレスヴィヒ」のデンマーク系少数者は何を求め，どのような戦略でこの会談を展開したのか，また，州政府の側はそれをどう受け止め，また逆襲したのか，そこにおけるニュダールの役割はどのようなものであったのかを，シュレスヴィヒ・ホルシュタインにおける少数者教育の展開の中に位置づけながら描いてみたいと思うのである[1]。

1. シュレスヴィヒ全権委員

シュレスヴィヒ・ホルシュタイン州政府（キール）に招かれたニュダールは，初め，文部省において同州の教育制度，教員養成制度改革に従事した。新時代の教育のために，かつてのベルリン市教育長時代の経験と知見を生かし，先に述べたシュレスヴィヒ・ホルシュタイン学校法の推進に当たり，また，教員養成においては，初等学校・中等学校教員の養成を分離せず全校種の教員の統合養成を進めていたベルリンの方式を参照した[2]。だが，ニュダールの前に

---

[1] 本研究をすすめるにあたって，次の2つの文献が貴重な見取り図を与えてくれた。これによって筆者の研究視野が大きく開けたことに感謝をしたい。
— Hansen, Reimar: „Die historischen Wurzeln und die europäische Bedeutung der Kieler Erklärung vom 26.9.1949". In: Die Kontinentwerdung Europas. Berlin: Duncker & Humblot, 1995.
— Höffken, Martin: Die "Kieler Erklärung" vom 26. September 1949 und die "Bonn-Kopenhagener Erklärungen" vom 29. März 1955 im Spiegel deutscher und dänischer Zeitungen: Regierungserklärungen zur rechtlichen Stellung der dänischen Minderheit in Schleswig-Holstein in der öffentlichen Diskussion. Frankfurt am Main; Berlin; Bern; New York; Paris; Wien: Lang, 1994. (Kieler Werkstücke: Reihe A, Beiträge zur schleswig-holsteinischen und skandinavischen Geschichte; Bd. 13) Zugl.: Kiel, Univ., Diss., 1994.

[2] Vgl. Schuppan (1993 b), S. 48.

は，ベルリンとは異なる文化・教育状況が横たわっていた。

(1) 独立学校

「南シュレスヴィヒ」で高まる「新デンマーク運動」の中，1947年と1948年は運動の頂点だった。先に述べたように，デンマーク系学校へ子弟を入校させるにはデンマーク系少数者団体への所属が前提であったので，「南シュレスヴィヒ協会」(Südschleswigscher Verein: SSV) への加盟者は急増（終戦時の1945年に比して27倍）（第4章表4参照）。それと共にデンマーク系少数者の代表権が政治組織「南シュレスヴィヒ選挙人連盟」(Südschleswigscher Wählerverband: SSW) に認められ（1948.6.25），これの州議会における議席も1948年が頂点となっている（6議席）。

表8. SSWの州議会議員選挙における得票数・得票率・議席数

年月日	1947 4.20	1950 7.9	1954 9.12	1958 9.28	1962 9.23	1967 4.23	1971 4.25	1975 4.13	1979 4.29	1983 3.13	1987 9.13	1988 5.8	1992 4.5	1996 3.24
得票（千）	99.5	71.9	42.2	34.1	26.9	23.6	19.7	20.7	22.3	21.8	23.3	26.6	28.2	38.3
割合（％）	9.3	5.5	3.5	2.8	2.3	1.9	1.4	1.4	1.4	1.3	1.5	1.7	1.9	2.5
議席	6	4	0	2	1	1	1	1	1	1	1	1	1	2

資料：Bonde (1998), S. 349.

このような高揚のなか，少数者は，デンマーク国と連携をとりながら「南シュレスヴィヒ」の行政分離を再三にわたり占領軍当局に求めているのであるが（1945年9月，モンゴメリー将軍宛「南シュレスヴィヒ分離要求」に始まる一連の「南シュレスヴィヒ」分離要求書），重要な教育問題は，初等学校の公立廃止問題だけではなかった。それは，デンマークとドイツとの間のアビトゥーア認定の問題を始めとする初等後の教育制度であった。デンマーク国「北シュレスヴィヒ」に生活するドイツ系少数者の中等学校がデンマーク対応のカリキ

ュラムとなったのに対応して，州政府は「相同性原則」のもとに，ドイツ国内「南シュレスヴィヒ」におけるデンマーク系少数者中等学校にもドイツ式学校制度とカリキュラムへの適応を求めた。しかし少数者はこれに対し，州政府の公立デンマーク系初等学校の廃止・私立化政策に反対すると共に，「初等後教育」（中等学校）に「独立学校」を作って対抗したのである。

これには若干の補足が必要である。一般にドイツの学校制度は「4－9制」（合計13年），すなわち初等学校4年，ギムナジウムに9年就学してアビトゥーアを取得，合格者は大学に進むというシステムであるのだが，戦後この州においては一旦民主的な「6－3－3制」を導入したが（1948年），その直後に先に述べた1949年教育法でそれを「6－7制」に修正していた[3]。

これに対してデンマークの初等・中等学校制度は基本的に「7－5制」（合計12年）なのである。ドイツが，身分社会に対応して早くから進路を決定してしまう学校制度なのに対し，デンマークは，進路決定をできるだけ後にまで猶予し，才能の開花に合わせて進路を選び取る民主主義的な学校制度なのである。以下に，図を示しながら補足しよう（図6）（デンマークの図は1958年のものであるが，単純比較のために紹介する）。

両国の学校制度の大きな違いは，ドイツが大学入学までに13年かかるのに対し，デンマークは12年だということである。つまり，デンマークの学校制度はドイツのアビトゥーアよりも1年短く，ドイツ基準から言うと，大学入学には「不十分」だった。その結果，これは後の事例であるが，シュレスヴィヒ・ホルシュタインのデンマーク系学校で学びデンマークのアビトゥーアを取得して，ドイツ南部の大学に修学していた学生が，ドイツ大学の入学資格を取り消されるという事件が出来した。結局この学生は，デンマークの大学に編入せざるをえなかったのである[4]。このように，デンマークとドイツの学校制度

---

[3] Schulgesetz für Schleswig-Holstein. LAS　Abt. 605 Prot. Nr. 112, S. 8-20.
[4] Biehl, S. 56.

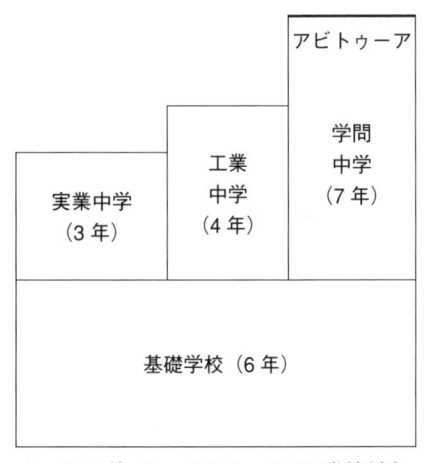

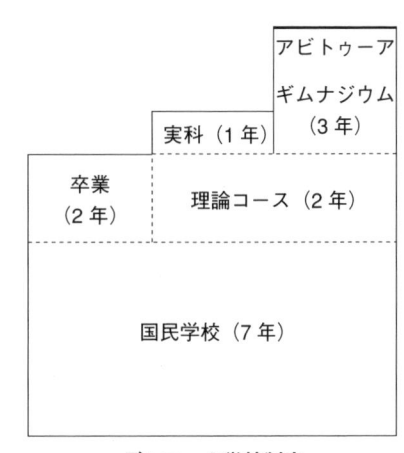

```
シュレスヴィヒ・ホルシュタイン学校制度        デンマーク学校制度
            (1949)                              (1958)
```

図 6. シュレスヴィヒ・ホルシュタインの学校制度とデンマークの学校制度
出典：Hehlmann（1971），等を参照して筆者作成。

の違いを克服することは大変に大きな課題であった。

　これに加えて，「南シュレスヴィヒ」のデンマーク系少数者の求めた実業学校系諸学校の資格問題がある。つまり，この地方の人々にとって重要なのは，ギムナジウムを出て大学に進み官吏や医者，弁護士，教員になるという進路ではない。むしろ，実業学校に進み，そこの修了資格を得て，町や村で一段階上の資格ポストで働くことであった。そのためには，彼らの通うデンマーク語を授業言語とするデンマーク系学校の修了資格が，ドイツ社会で認定されないといけないわけである。だが，少数者は，ドイツの教育制度への適合を拒み，自分たちの独自の学校——それは，デンマークの学校制度に合わせたものだ——を発足させたのである。この「教習所」とでもいうべき「**独立学校**」（Studenterkurs）は，デンマーク系少数者が多く住むフレンスブルクに1948年に誕生する。当初この学校はデンマーク系少数者と国境団体で維持されたので

あるが，やがて，デンマーク政府もこれを支援した。フレンスブルクの「**デュボー学校**」(Duborg-Schule) のアビトゥーアは，デンマーク一般で承認されたのである[5]。

(2) デンマーク教会

「南シュレスヴィヒ」のデンマーク系少数者住民にとって，さらにデンマーク系教会とドイツ州教会との対立も重大な問題だった。

もともとデンマークに属していたシュレスヴィヒ公国時代，この地域の教会言語は基本的にデンマーク語だった。それがプロイセン領となり，強力な「ドイツ語化政策」が裁判所，行政府，学校で進められたが，住民の生活に近い教会言語に関してはこの地域はデンマーク語とドイツ語の「混合地域」であった[6]。そのような歴史を背景に，デンマーク人牧師は，住民のデンマーク志向に配慮したのである。

シュレスヴィヒ・ホルシュタインとデンマークの教会は，ともに福音派に属している。だが，戦後高まる「新デンマーク運動」の中で，シュレスヴィヒ・ホルシュタイン州教会はこの運動を警戒した。それに対してこの地方のデンマーク人牧師は「新デンマーク運動」に共鳴し，立脚点を州教会ではなく，デンマークの「デンマーク教会・ユトランド」(Danske Kirke i Udlandet, DKU) に置いた。ドイツ州教会を脱退した「新デンマーク運動」の信徒は，彼らデンマーク人牧師によるミサを受けた。ところが，彼らデンマーク人牧師はドイツ語で説教したのである。(「新デンマーク運動」の人々は，心はデンマークにあったが，日常言語はドイツ語だった。デンマーク語を全く話せない人も少なくなかった。) このような状況下で，ドイツ州教会は，「デンマーク人牧師によるドイツ語説教」を禁じている。そこには，ドイツ州教会のあからさまな政治的意

---

[5] Höffken, S. 34.
[6] Fink, S. 147.

図があった[7]。

(3) シュレスヴィヒ全権委員として

シュレスヴィヒ・ホルシュタイン州政府は，このような情勢下に，「シュレスヴィヒ問題」を主管する特任委員を新設することにした。「シュレスヴィヒ全権委員」(Landesbeauftragter für Schleswig) は，いわば，シュレスヴィヒ問題特任大臣といった役割である。1948年10月4日閣議に提案がなされた。

シュレスヴィヒ全権委員規程[8]　[1948年10月4日，閣議修正可決]

```
                                  閣議資料      Nr. 158/48
               シュレスヴィヒ全権委員

           Ⅰ．任　務
   シュレスヴィヒ全権委員は，経済的，文化的，社会的 および政治的 ［原案の
削除修正を示す，以下同じ。小峰］ 領域におけるシュレスヴィヒの特別な利益
を保全すべきものとする。
   特別任務領域として，シュレスヴィヒ全権委員には，少数者学校の監督が課
せられている。


           Ⅱ．地　位
   シュレスヴィヒ全権委員は，州首相に直属する。
   同委員は全閣議に出席するものとし，すべての閣議資料は同委員に手交する
ものとする。
   事務所は次の名を掲げるものとする。
       「シュレスヴィヒ全権委員」
   同委員の勤務地はシュレスヴィヒとする。
```

---

[7] Vgl. Höffken, S. 35ff.
[8] LAS Abt. 605 Nr. 392, S. 129.

Ⅲ．各省との共働

　シュレスヴィヒ全権委員は，日常的に，各省においてシュレスヴィヒにかかわる全ての事項について情報を伝えられることが保障されている。

　各省は，事前に十分に同委員の了承を得ることが義務付けられるものとする。

　シュレスヴィヒ全権委員が態度決定を有する場合には，この案件の決定は，まず第一に同委員に委ねられる~~必要がある~~なければならない。

　特に，シュレスヴィヒの案件にかかわる経費支出は，全権委員の態度決定の後に初めてなされる必要がある。

Ⅳ．事　務　局

　シュレスヴィヒ全権委員は，経済学者（1），文化報道官（1），~~広報担当官（1），~~事務長（1），速記タイピスト（2），運転手（2）を自由に使用できるものとする。

　州首相は，全権委員の提案に基づき，州職員の中からこれらの事務局員を決定するものとする。

　事務局経費は，州首相予算の関係勘定により首相府に記帳するものとする。

　　　　　　　　　　　　　　　　　　　　　　　　代理者
　　　　　　　　　　　　　　　　　　　　　　　　（署名）
　　　　　　　　　　　　　　　　　　　　　　　　Dr. ラウリッツェン

　シュレスヴィヒ全権委員（Landesbeauftragter für Schleswig）は州首相に直属，全閣議に出席しシュレスヴィヒに関わる事項すべてに権限をもつ，予算措置を伴うシュレスヴィヒ施策はすべて同委員の承認を要する――とは絶大な権限である。1年前の州長官任命にあたっては，リューデマン首相の意気込みが感じられたが，このたびのシュレスヴィヒ全権委員任命には，シュレスヴィヒの命運をニュダールに託そうかとも言える権限内容である。しかし，それには若干の留保が加えられた。修正は，閣議の結果付されたものである。議事録から。

閣議議事録（1948年10月4日（月））[9]

10. シュレスヴィヒ全権委員──審議資料 Nr. 158/48──

州大臣ケーバーが，審議資料を説明し，以下の変更を議決した。

I．課題
　第1条中，「政治的」（politisch）の語を削除。
　第2条の全文を削除。
III．各省との共働
　第3条の「必要がある」（dürfen）の語を「しなければならない」（sollen）の語と入れ換えて，次のような条文とする。
　「この案件の決定は，まず第一に……なければならない」
IV．事務局
　第1条の「広報担当官」の語を削除。

　また，近々州長官ニュダールが，州全権委員の課題と構想につき，セレント郊外ヴィルヘルム・ブルーメンブルクで行なうはずの夕刻会談の講演のことが話し合われた。
　この講演においては，シュレスヴィヒにかかわるすべての問題について，一般的な言及を行なうこととした。

変更点はわずかであったが，内容は重大だった。当初考えられていたシュレスヴィヒ全権委員の政治的課題と少数者学校の監督とが，いずれも削除されたのである。ちなみにこの閣議にリューデマン首相は欠席，国境問題専門家の蔵相Dr. シェンクも通告欠席である。閣議における議論がどのようなものであったか定かではないが，会議を主導したのは，首相代理のディークマン（食料・森林・農業大臣）と内務大臣付の州長官Dr. ラウリッツェンだったようである。これはあくまでも推測であるが，このことを後のシュレスヴィヒ全権委員の規程改正問題（権限縮小），またそののちのニュダール辞任の経緯などと合

---

[9] 閣議議事録（1948. 10. 4）LAS Abt. 605 Prot. Nr. 2, S. 66.

わせて考えると，このときすでに州政府内に，シュレスヴィヒ問題をめぐって「リューデマン＝シェンク＝ニュダール」路線と，「ディークマン＝ケーバー＝ラウリッツェン」路線との微妙な対立があったのかもしれない。前者は少数者の権限をある程度容認しようとする立場，これに対して後者は，それに制限的に立ち向かおうとする立場である。

　ともあれニュダールは，シュレスヴィヒ全権委員となってかつての州都シュレスヴィヒ市に赴いた。シュレスヴィヒ市は，現在は人口2万4千人あまりの小さな街である。しかし，市は開発2000年の歴史をもつ北の雄都である。シュライ（Schlei）と呼ばれる，内陸深くにまで湖のように広がった峡湾（ちなみにシュレスヴィヒ（Schleswig）という名はこのシュライ（Schlei）から来ている）を望む，やや高台の市中心部には巨大な大聖堂（ドーム）が聳え，それと対照的に，周りの小路にはデンマークの家々のように小さな家屋が軒を連ねている。低地のシュライの周辺には，12世紀に建てられた白亜のゴットルフ城，その東には，官庁の象徴である赤レンガの旧政庁が，まるで北のデンマークを威圧するかのようにそそり立っている。（もっとも，第二次大戦後，英国の指示で州庁を移転するに伴い，この旧州庁の存立が問題になったようである。現在は高等行政裁判所となっている。）街には，デンマーク系や北欧諸国の人々はもちろん，遠くロシアから働きに来ている人も居て，北の諸都市の，諸国・諸民族との交流の深さを実感するのである。
　ニュダールはシュレスヴィヒの市庁舎に事務所を構えた。着任間もなく，彼は内閣に報告書を提出する。

シュレスヴィヒ全権委員着任報告 [10] （1948年10月21日，ニュダールより州政府宛）

					シュレスヴィヒ，1948年10月21日
						シュレスヴィヒ全権委員発

シュレスヴィヒ・ホルシュタイン州政府
主席州長官　Dr. ミュトリング　殿

				主題：シュレスヴィヒ全権委員

　私こと，このたび1948年10月4日の閣議決定に則り，1948年10月19日，シュレスヴィヒ全権委員（Landesbeauftragter für Schleswig）の活動を開始したことを主席州長官殿に謹んでご報告申し上げます。
　執務室は，シュレスヴィヒ市庁舎内に置き，3階の部屋315-325号室を使用しております。（電話：シュレスヴィヒ2141番）

　同時に，作業計画のコピーならびに指定配布先リストＩに基づく官庁および役所宛通達のコピーをお届けしますので，ご承知おき下さいますようお願いします。

　＊資料
　　2部添付
						（署名）
						ニュダール

　シュレスヴィヒからキールまで，現在は鉄道で1時間弱である。しかし，敗戦後の交通事情は現代よりもはるかに劣悪であったろう。シュレスヴィヒ・ホルシュタイン州政府の閣議はキールでほぼ毎週開かれ，それも通常4時間から5時間，時には7時間に及ぶこともあった。それのみか，土曜に開かれて審議未了で日曜にまた再開と2日間にわたることさえあった。この閣議にニュダールは州長官時代からほぼ全出席で，シュレスヴィヒ全権委員となってからは「全閣議に出席するものとし，すべての閣議資料は同委員に手交するものとす

---

[10] LAS Abt. 605 Nr. 4197. ［ページなし］

る」と定められて、ほぼ皆勤である（遅刻・早退はほとんどない）。自動車を駆ってであっても、65歳のニュダールがキールの閣議に毎週出席するのは大変なことであったろうと推察される。

2. 少数者提案

1949年3月3日、英総督アズブリーから州首相に「秘密」と記した手紙が届いた。中は、少数者が、キールでの州政府との会談用に作成した「メモランダム」だった。それは前年のロンドン円卓会議で英国当局より指示された州政府との直接交渉のために、少数者の側が作成した要求書であった。送り状は次の通りである。

送り状[11]

<u>秘密</u>
キール、1949年3月3日
総督アズブリー

州政府とSSVとの会談に関して

　同封のように、貴殿に、南シュレスヴィヒ協会から私に届けられた書類の写しを転送します。その中に、SSVが貴政府と喜んで検討したいと考えている諸点が記されています。その意図は、これを最終的な規則にするということです。

　この書類につき、明日午後、貴殿と話し合うことができれば幸甚に存じます。時間につきましては、私の秘書と電話で決めていただければ幸いです。
(署名)
W. アズブリー

総督アズブリー（Asbury, William: Gouverneur）はキールの英国司令部にあ

---

[11] LAS Abt. 605 Nr. 472.［ページなし］

って，以後，少数者と州政府との直接交渉を主宰する。彼は主に，キール会談の首脳同士の「本会談」の議長を務めるのである。細部を詰める「専門家会談」を取り仕切るのは，チェトウィンド（Chetwynd, Viscount（Lord））になる（後述）。

送り状に「その意図は，これを最終的な規則にするということです」と述べられている。これは，SSVが，少数者の文化・教育要求を，拘束力のある法律にして未来世代に引き継ごうとしたことを意味した。この時点で英国は少数者の意見を最大限尊重してこれの実現に努めようとしている。

(1) 少数者の人権と文化権

そしてメモランダム本文であるが，これは，大きく2つの部分から成っている。第一部は少数者の人権と文化権，そして第二部が，狭義の教育・学校制度要求である。まずは第一部を見てみよう。

少数者提案（1949.3.3）
南シュレスヴィヒ協会（SSV）のメモランダム[12]
(1949年3月3日，英総督より送付)

メモランダム（写し）

Ⅰ.
シュレスヴィヒ・ホルシュタイン憲法には次のような規定が定められている。すなわち，およそ州内に居住する何人にも，普遍市民的民主主義的自由権，中でもとりわけ法の下での全市民の平等，人格の自由，住居の不可侵，信仰の自由，出版と報道の自由，結社と集会の自由，ならびに国家権力の側からの干渉に対し独立司法権による庇護，の諸規定を有効に保障するものである，と。

さらに憲法には，何人にもその政治的信条の表明を義務付けるべきではないとの規定も盛られている。

---

[12] Ebenda.

II.

上記以外に，デンマークを志向する南シュレスヴィヒ人には，以下の諸権利が保障されるものとする。

1. 南シュレスヴィヒに居住する何人も，自分がデンマークを志向する住民部分 (der dänisch gesinnte Teil der Bevölkerung)（その中にはデンマークを志向するフリースランド人も含まれる）に属することを欲するか，ドイツを志向する住民部分に属することを欲するかを自ら決定しなければならない。しかしながらそのことにより，いずれかの組織に入会する権利が導かれ得るわけではない。
2. 特定民族（Nationalität）の告白が，問題とされたり，審査されてはならない。
3. a）何人もその民族の信条ゆえに，厚遇されたり不利益を被ってはならない。
    b) 特に，デンマークを志向する住民部分が，彼らの自由な民族的発展ないし彼らの希望する言語の使用を，法律，行政，また司法によって妨げられてはならない。
    c) デンマークを志向する住民部分の，市町村，郡，また立法府代表への選挙権および被選挙権の制限が行なわれてはならない。州の他の住民部分に適用されていると同一の比例代表による代表権が，彼らに享受されるべきである。
    d) 南シュレスヴィヒに居住しデンマークを志向する市民の何人も，南シュレスヴィヒの外で労働しまた居所を持つよう強制されることはあり得ないものとする。
4. デンマークを志向する住民部分に属する人は，裁判所ならびに行政官庁の前で，必要に応じてデンマーク語で対応すべきものとする。
5. 南シュレスヴィヒにおける公務員就職ならびに吏員，被傭者，労働者，公務員年金受給者の待遇につき，デンマーク志向者ならびにドイツ志向者の間に差別は行なわれないものとする。どの民族団体に所属を欲するか，どの学校に子どもを就学させるかを，当該志向者は自由に決定し得るものとする。
6. 老齢年金，廃疾年金ならびにいかなる種類の社会的養護およびこれと同様のもの——この中に教育扶助も含まれる——を受給する権利が，法律においても行政においても，民族信条に依存することがあってはならない。
7. 政党は，その民族所属を顧慮することなく設立できるものとする。また政党は，自由に表現する平等の権利——この中に公共放送の権利も含まれる——を持つものとする。
8. デンマーク人聖職者ならびに教会共同体は，当地の教会機関との事前の合意に基づいて，その地方の各種言語を自由に使用して教会，墓地等を使用する

権利を有するものとする。
9. デンマークを志向する住民部分は，ドイツを志向する住民部分とまったく同等に，彼ら自身の希望する言語で新聞，雑誌ならびにその他の出版物を刊行させる権利を有するものとする。
10. 結社ならびに集会の自由は，いかなる言語で議論がなされようとも，認められなくてはならない。
11. a) 教育権は，民族上の理由であれ言語上の理由であれ，これを制限してはならない。親または教育権者が，その子どもを自分たちの希望する学校へ就学させる自由な権利を制限してはならない。
　　b) デンマーク語を授業言語とする幼稚園［ならびに］学校（Kindergarten〔und〕Schulen mit dänischer Unterrichtssprache）の設立が妨げられてはならない。さらにまた，就学義務年限を超える者の学校もそうである。私立学校は，ここに通う就学義務年齢の者の数に応じた国庫補助の権利を有するものとする。
　　c) デンマーク系諸学校（die dänischen Schulen）では，十分なドイツ語の教育が行なわれなければならない。フリースランド語地域のデンマーク系学校は，詳細な規程に従って，フリースランド語で授業を行なうことができるものとする。
12. デンマークを志向する住民部分は，その言語を顧慮することなく，自由に図書館を設立する権利を有するものとする。図書館ならびにその他の教会的，文化的，人道的，専門的，経済的およびその他法律に反しない目的を有する諸施設は，南シュレスヴィヒの他の同様の施設と完全に平等の権限の下に運営されるものとする。
13. a) デンマークを志向する住民部分は，完全な自由の下に，デンマークとの宗教的，文化的，専門的結合を育成する権利をもつものとする。
　　b) デンマーク国籍（dänische Staatsangehörige）の者が，専門的助言者として活動するために（例えば，聖職者，教師，農業指導員等）南シュレスヴィヒに入国することを許可された場合，同人に対し，彼らが仕事場を持つ市町村での滞在，移住，居住許可が妨げられてはならない。彼らは南シュレスヴィヒで政治活動を行なってはならない。
14. 書籍ならびに他の文献，および，その他のデンマーク系南シュレスヴィヒ諸機関用に指定されたあらゆる種類の資料をデンマークから持ち込むことは認められるべきである。

> Ⅲ.
> 　第Ⅰ部および第Ⅱ部に定めた基本原則を効果的に保障するために——シュレスヴィヒ・ホルシュタイン憲法に謳われているものは除いて——特別規程を作るものとする。それは，南シュレスヴィヒのデンマークを志向する住民に，上に述べた諸原則を実践に移すに当たり十分な影響を保証するものである。このことはまず第一に，重要な文化的分野およびその他の人間の自由に重要な意味を有する分野に配慮したものである。
>
> 　したがって，この問題を事前協議に含めることが必要と考えられなければならない。

(2) 少数者学校法案

第二部が狭義の教育・学校要求である。

少数者学校法案（1949.3.3）[13]
（条文タイトルは筆者［小峰］が付したものである。）

> **南シュレスヴィヒにおけるデンマーク系学校制度整備法草案**
>
> A. 私 立 学 校
>
> 第1条［私立国民学校］
> 　デンマーク系民族グループ（dänische Volksgruppe）の国民学校就学義務年齢児童に，デンマーク語を授業言語とする私立国民学校への就学は開かれている。このような学校に規則通り通学することにより，就学義務は満たされるものとする。本国デンマーク人の親たちから生まれた児童も，授業に参加できるものとする。
> 第2条［親の就学決定権］
> 　親ならびに他の教育権者は，自分の子どもをドイツ系学校（deutsche Schule）に行かせるか，デンマーク系学校（dänische Schule）に行かせるか

---

[13] Ebenda.

を自由に決定できるものとする。この決断が問題とされたり審査されてはならない。

第3条［校長・教員］
　このような私立国民学校の運営が認められるのは，ドイツないしはデンマークでの教職就任資格を持ち，かつ，授業面および倫理面に何らの懸念も有しない者（男女）とする。
　その他の男女教員においても，同様の条件を充足しなければならない。

第4条［校舎および児童数，備品］
　校舎は正規の条件を満たさなくてはならない。その際，授業を受ける児童数も考慮されるものとする。公共の空間をデンマーク系私立学校に使用することは認められる。
　公立学校と同様の条件は一般的には求められないものとする。学校の開校までに必要な備品は確保されなければならない。

第5条［少数者団体による資金調達］
　教育活動に必要な資金証明に関し，もしこれが民族グループ団体によって保証を得られるならば，証明は満たされたと見なすものとする。

第6条［児童数の特例］
　デンマーク系私立国民学校は，生徒数を顧慮することなく設立することが可能である。

第7条［設置申請］
　デンマーク系私立学校の設置申請は，［シュレスヴィヒ・ホルシュタイン州］文部大臣管轄行政区の教育局を経由して提出するものとする。

第8条［デンマーク諸私立学校への国庫補助］
（1）ドイツ国籍（deutsche Staatsangehörigkeit）の就学義務年齢生徒が少なくとも10人以上就学するデンマーク系私立学校は，本法第4, 5, 9条に定める条件を充足した場合，**国庫補助**を受けるものとする。学年途中での生徒数の変動は顧慮する必要はない。
（2）**国庫補助は，当該学校の全経費の80％とする。**
（3）デンマーク系私立学校が，国または学校協会から教室を使用することを認められた場合には，教室の賃料は国庫補助で支払われるものとする。

第9条［学校監督］
　デンマーク系私立学校の学校監督は，文部大臣が当地の地方視学を通して行なう。

第10条［上級学校，準用規定，国家試験］
　国民学校以上の教育目標を持つデンマーク系学校［＝上級学校］設置に当

たっては，私立学校一般［＝国民学校］と同様の規則が適用される。本法第1条から第9条の規定を，その趣旨に即して準用するものとする。国家認定試験の実施権は保証されうる。

B. 公立学校

第11条［デンマーク語公立国民学校の設置］

　200名ないしそれ以上のドイツ国籍の就学義務年齢児童が，この種の学校［デンマーク語私立学校］に就学申請した市ならびに村では，当該父母の申請に基づき，デンマーク語を授業言語とする公立国民学校（öffentliche Volksschule mit dänischer Unterrichtssprache）を設置するものとする。もしこのような公立学校を設置しない場合，国［州］は，デンマーク系私立学校に対し，当該費用と同等の費用総額を支払うものとする。

　もしデンマーク語公立国民学校生徒数が，年間全体を通して100名以下であった場合，この公立学校は廃止されうる。［その場合］閉校前に，デンマーク系私立学校として存続する余地があるかどうか当該民族グループと協議するものとする。

C. 最終規定

第12条［州の保護］

　デンマーク系諸学校は，［州］政府の保護下にあるものとする。

　「ロンドン円卓会議」の結果を受け止めた少数者団体の議論は省略するが，少数者は「メモランダム」で，人の権利をまず謳い，次いで，少数者の文化権たる教育権を詳細に法律案として要求するという戦略をとったのである。

　提案第一部［少数者の人権，文化権］は，少数者の人としての基本的権利を述べた。ボン基本法の成立以前で（ボン基本法の可決はこの要求書の後1949年5月23日である），論拠をシュレスヴィヒ・ホルシュタイン州憲法に求めている。最大のポイントは，自分が「デンマーク人」か「ドイツ人」かを自ら決定する（「**自己決定権**」）とし，組織への入会は自由としたこと（第1条），また，「特定民族の告白が，問題とされたり，審査されてはならない」としたこと（第2条）である。

続いて提案第二部［教育・学校要求］では，廃止予定の公立学校を存続させ，他方，私立学校の設立に際しては，州政府による十分な援助を保障させようとすることが目標であった。「親ならびに他の教育権者は，自分の子どもをドイツ系学校に行かせるか，デンマーク系学校に行かせるかを自由に決定できるものとする。この決断が問題とされたり審査されてはならない」（第2条）は，提案第一部の自己決定権（第1条）に対応する。10人以上の私立学校に人件費・物件費を含めた全経費の80％の国庫補助を求め，また，ドイツ国籍［のデンマーク系——小峰］生徒200名が就学する場合に，デンマーク語を授業言語とする公立学校の設立を求めた。1926年法では，デンマーク系生徒24人でデンマーク系公立学校の設置が認められていたので，生徒規模200名以上ということは，少数者の側にとっては大きな譲歩と言えるであろう。この200名という数字は，1947年8月1日の「シュレスヴィヒ・ホルシュタイン学校規程」が30人学級を想定しているので，デンマーク学制に基く基礎学校7年制で210人となることを目処として，最低数200名が算出されたのかもしれない。

　いずれにしても，これらはまことに控えめな要求であり，かつ，理にかなっている。少数者の中の，おそらく穏健実務派の手になる，州政府と妥協しうる最低線の提案と言ってよいであろう[14]。

　少数者のこの要求を，州政府はどう受け止め，またこれにどう対して行くのだろうか。

---

[14] しかし，これを提示した大会（1949.1.13）で，急進派のミュンホウは原案を不服として議場を退席した。Vgl. Höffken, S. 93.

第7章
ドイツ側対案

シュレスヴィヒ，ゴットルフ城
(2005年，筆者撮影)

少数者提案はシュレスヴィヒ・ホルシュタイン州政府を当惑させた。

州政府にとって国境の保全問題はひとまず解決した[1]。しかし，少数者の要求は州政府の既定のデンマーク国境地方の教育政策の根幹を揺るがすものだった。州政府としては，デンマーク人の「**自由表明主義**」（**自由告白主義**）は認めてこなかったし，彼らが勝手に「デンマーク人」告白をし，雪崩を打ってデンマーク系団体に加盟して民族教育権を主張しても，これはすべて「北シュレスヴィヒ」のドイツ系少数者と同等（「相同性原則」）というのが，州の基本方針だったからである。

だが英国は，「ロンドン円卓会議」で「少数者と州政府との直接会談」を指示して，もはや面倒なデンマーク系少数者の問題を州政府との間の交渉で解決させたかった。そして少数者もドイツ州政府も，これに従う以外なかったのである。

1.「キール会談」へ

「キール会談」の実施が具体化してくると，これに対して少数者にも，また州政府にも一定の期待と思惑とが湧いてきた。

(1) 少数者の期待

少数者は，一旦消えかかった国境修正問題を復活させるのが最大課題だった。「ロンドン円卓会議」で消えたかに見えた国境修正要求を復活させること，また，そのために「シュレスヴィヒの行政分離」を可能な限り受け入れさせ，国境修正に橋頭堡を築くのだ。シュレスヴィヒの分離要求についてはすでに触

---

[1] 1948年11月，州政府側は州大臣ケーバーを英国へ派遣。その後ケーバーは，首相代理ディークマンらを伴ってデンマークを訪れて，デンマーク首相ヘドトフトから「国境変更」の意志のないことを確認した（日付不詳）。そのことが，州政府に少数者との交渉（「キール会談」）に踏み切らせた要因だったようである。Vgl. Höffken, S. 88.

れたが，SSVは，ロンドン円卓会議前の1948年8月13日，「SSVの南部活動領域要求」なる要求書を州政府に提出している。これは，文化団体としてのSSVの南部の活動範囲を州政府に認知させるという，一見もっともな要求である。しかし，デンマーク系少数者の影響範囲を限ることは，そこが本来デンマークに帰属するのが正当であることを意味するものであった。これに対して州政府は，英軍総督に却下の表明を行ない，英軍からの再度の「問い合わせ」にもこれを繰り返したのである。

SSVの南部活動領域申請への却下文[2]
（1949年5月27日（金）閣議承認，州首相の英軍総督宛回答書）

キール，1949年5月18日

シュレスヴィヒ・ホルシュタイン州政府
首相
－I/13 V 100－Tgb. Nr. 3－

閣議資料No. 86/49

主題：SSVの南部境界

　SSVは，1948年8月13日，内務大臣にSSVの南部活動領域を認めるよう申請してきた。南部活動領域とは，今日，旧アイダー川の川床に沿って運河河口からニュッベル村（レンズブルク郡）に達する運河線のことである。
　これは具体的には，レンズブルクの3分の2，キール市のプリース，フリートリヒスオルト，ホルテナウの各地区を，SSVの活動に与える，ということを意味する。
　本申請は，内閣で2度議論に付し，その結果，1949年3月4日書状において拒否したものである。
　その後，CC［占領軍管理委員会］が――これは明らかにSSVの意向で――，首相に再度，見解表明を求めて来た。その際CCは，SSVの南部境界の拡大のために，SSWの無条件の承認を有効とする見解を表明したのであった。

　これに対して我々は，次のように回答することを提案する。

---

[2] 閣議資料Nr. 86/49（1949.5.27），LAS　Abt. 605 Prot. Nr. 113, S. 86-87.

> 拝啓　総督　殿！
> 　SSVの活動地域の南部境界に関する内務大臣回答（1949年3月11日付）に対して，閣下は，1949年3月16日付書簡（Ref. 237155/4）で見解を示され，本官に意見を請われました。
> 　本官は，貴台のご要請に喜んで応じ，内閣がなぜそのような決定を行なったかの理由を，貴台に申し上げたいと存じます。
> 　貴台も折に触れお気づきのことと思いますが，内閣としては，南シュレスヴィヒ選挙人連盟（SSW）の一般的政治活動と南シュレスヴィヒ協会（SSV）の文化活動とを，大変厳密に区別して来ました。その際，SSVの文化活動は，SSWの政治活動以上に広範な影響力を持っている，ということを前提にしております。
> 　とはいえ文化活動は，――デンマーク人の理解を前提にするならば――それに対して「歴史的に」引かれた境界の中に留まらなくてはなりません。
> 　人がもし，「歴史的諸関係」に関して正当とは考えられない地域にまでSSVの活動を認めるとすると，この文化団体の影響力は，政治的領域ならびに文化・人間生活のさまざまな分野での新しい対象物の創出にまで及ぶことでしょう。
> 　これに加え，政治的視点から見た場合，デンマーク心の住民の要望を全シュレスヴィヒ・ホルシュタインにまで（並外れた大規模なやり方で）及ぼすことをSSWの拡大を通して考えるということへの動機が，ますます弱まって参ります。
> 　本官は，内閣においてこの点の検討をいま一度議論いたしました。
> 　内閣はこれを確認し，その結果，再吟味の後においても貴台に宛てた1949年3月11日の決定を変更する必要はないと判断いたしました。

　このように，少数者は何とか「行政分離」への可能性を保持したかったのである。しかし，1948年12月17日，少数者代表がコペンハーゲンでデンマーク政府に支持をうったえたが，デンマーク国は仲介者として「行政分離」を支持しないことが最終的に判明した。
　それによってSSVの姿勢は変化した。SSV内部は，「行政分離」・「自己決定権」を強硬に主張する方向から（この中に，議場を退席したミュンホウらがいた），それらを求めつつも，人権としての民族権と，文化権としての民族教育を具体的に保障させようとするものに変わってきたのである。その際，会談

が英国の指揮下で行なわれるのは最低限必要であった[3]。

(2) 州政府の期待

　州政府の観測では，会談には当初デンマーク国の参加が見込まれた。そうであれば，これは交渉によっては「北シュレスヴィヒ」のドイツ系少数者学校の「公立学校化」が可能かもしれない。英軍の "mutual agreement"（口頭了解）によれば，さきに廃止された公立学校問題を含む，となっていたからである。つまり，相同性協定（„Abkommen auf Gegenseitigkeit")の基礎をなす英軍「大綱」は，北シュレスヴィヒの公立学校問題を消去してはいなかったのだ[4]。

　もともと，「北シュレスヴィヒ」は1920年の国民投票以前はドイツ領であり，ここには，プロイセンによってドイツの同化教育が強力に展開されていたのだった[5]。それが国民投票後，ドイツ人は「ドイツ系少数者」となったのであるが，子弟の教育は「公立学校」で行なわれていたからである。いま，ビエールによって，南北シュレスヴィヒの少数者学校・生徒数変化を示すと図6のようになる[6]。

　それが最終的に廃止されたのは戦後1946年7月12日のことであった。つまり，ドイツ側としても，公立学校の復活を目指したかったのである。そこで，デンマーク国と直接に交渉できるなら，公立学校復活に事態が動くかもしれない——州政府もまた，淡い期待を抱いたのである[7]。(1948年4月1日からの，デンマーク系少数者学校私立化実施を1年間凍結したのも，デンマーク国の方針転換を期待してのことであったと思われる。)

---

[3] Vgl. Höffken, S. 89-93.
[4] Biehl, S. 50-51.
[5] Vgl. Petersen, a. a. O.
[6] Biehl, S. 125.
[7] Vgl. Biehl, a. a. O., S. 43-44.

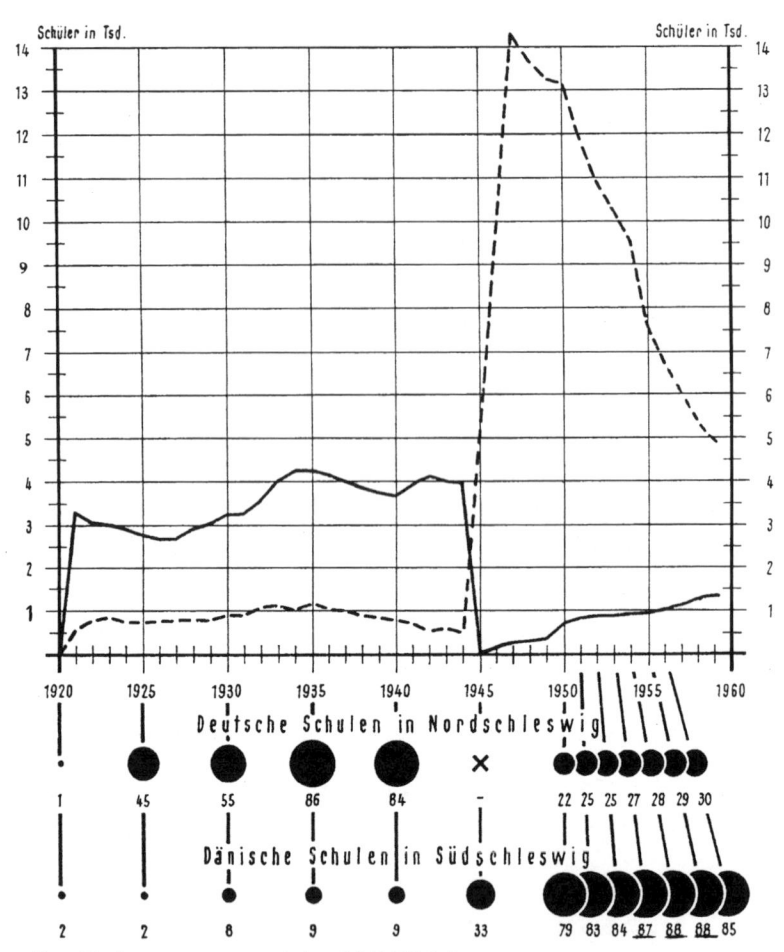

[上の●] 北シュレスヴィヒのドイツ系少数者学校数
[下の●] 南シュレスヴィヒのデンマーク系少数者学校数
―― 北シュレスヴィヒのドイツ系少数者学校生徒数（単位千人）
----- 南シュレスヴィヒのデンマーク系少数者学校生徒数（単位千人）

図6. 南北シュレスヴィヒの少数者学校数・生徒数（1920-1959）
出典：Biehl (1960), S. 125.

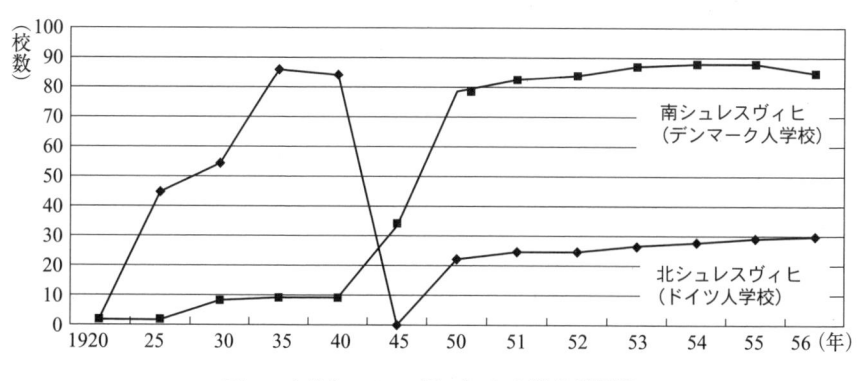

図7. 南北シュレスヴィヒの少数者学校数

（図6に基づき筆者作成）

だが，その甲斐なく，デンマークの態度変化は見られなかった。その結果州政府は，1949年4月1日からデンマーク系少数者学校の私立化を実施する以外なくなった。1949年1月14日の閣議には，デンマーク系少数者公立学校の私立化を含む「国境州委員会」報告が行なわれている。

閣 議 議 事 録[8]

（1949年1月17日（月）10:00，リンデン館）

6. 国境州委員会──資料なし──

　州長官ニュダールが，先回の**閣内国境州委員会**の報告を行なった。出席者は次の者であった。
　　　州大臣　　Dr. シェンク
　　　　〃　　　ククリンスキー
　　　　〃　　　ダム
　　　州長官　　ニュダール
1. 州長官ニュダールが明らかにしたところでは，デンマークのドイツ人集団では，ドイツ語新聞を創刊したいとの希望をもっているとのことである。内閣はこれに関して聞きおいた。

---

[8] 閣議議事録（1949. 1. 17) LAS 605 Prot. Nr. 2, S. 115-116.

2. 本会計年度の末に，シュレスヴィヒ・ホルシュタインにおけるデンマーク系公立学校協定（Übereinkommen über dänische Kommunalschulen in Schleswig-Holstein）が廃止となる。
国境州協議会（Grenzlandkommission）から，デンマークの諸規程ならびにデンマークの実際とごく似通った形での提案がなされた。それは次のものである。
1) フレンスブルクとシュレスヴィヒに現存するデンマーク系公立学校は（dänische Kommunalschule），新会計年度は単に私立学校（Privatschule）として存続させる。
2) 新デンマーク系私立学校設立に際しては，最低生徒数を15名と確定すべきである。
3) デンマーク系私立学校に対しては，人件費ならびに物件費の80％までが支払われ得る。支払いは会計年度が終了した後に行なわれるものとする。但し，デンマークが当該年度内にドイツ系私立学校に国庫補助を行なう場合に限って，シュレスヴィヒ・ホルシュタインにおいても同様の処置がなされるものとする。
4) 今まで公立デンマーク系学校に雇用されていた終身雇用教員は，最終的には，ドイツ系学校に戻る機会をもつべきものとする。
彼らがデンマーク系私立学校に移行した場合，それまで職務に従った勤続年は，彼らの年金支払い──65歳をもって始まる──に参入するものとする。
5) デンマーク系少数者学校を監督する，特別な任務をもった視学（1名）を任命することを，引き続き視野に入れるものとする。

州大臣Dr.シェンクは，英軍政府とデンマーク政府との間で今まで何の合意もなかったのであるから，これらの方策は必然的なものである，と述べた。文部省には，本提案から生ずる技術的な問題を，デンマーク学校協会と協議することが課せられた。
州首相リューデマンは，近日中に［英軍］総督と，ドイツ・デンマーク少数者問題につき，いま一度議論する見通しであると述べた。
内閣は本提案を全員一致で可決した。
国境州委員会の人的問題につき，懸念が内閣に知らしめられた。

1949年1月24日の英軍書簡によって，「キール会談」の交渉当事者は，デンマーク系少数者と州政府との2者によることが最終的に指示された。しかし，

州政府は，「相同性原則」を貫くために，デンマーク国の参加をあくまで追求していた。

閣 議 議 事 録[9]
（1949年1月24日（月）14:00，リンデン館）

開始14:15，終了16:00

　　　　　　　2. 首相報告
b）州首相リューデマンと州大臣ディークマンが，**デンマーク人学校問題**に関する総督，ならびにデンマーク人学校代表との懇談につき報告した。
　内閣は，文部省（いずれにしても行政長官ヘニングゼン）とデンマーク系学校協会代表との間で，学校の技術的問題に関する懇談が実施されるべきだと決議した。
　さらにまた，デンマーク外務省代表との懇談が実現できれば，州政府はこれを大いに歓迎したい旨を総督に伝えるべきである；この話し合いにSSV代表が加わっても異議はない，と決定した。

その結果，オブザーバー参加ながら，デンマーク連絡将校ルンディング中佐[10]が，「キール会談」に出席し，「相同性原則」はわずかに保たれたのであった。

　［この**連絡将校ルンディング中佐**の位置は重要である。私は本研究を進めていて，この人物のもつ役割に興味を惹かれた。彼の基本姿勢はあくまで「南シュレスヴィヒのデンマーク復帰」というものであるが，彼は，ときに少数者の要求を直截にデンマーク国に伝え，ときにデンマーク国の指示のもとに少数者の過激な論を沈静化させたりする。また，英国・英軍にデンマーク国ならびにデンマーク系少数者の声を反映させ，占領政策決定に実務レベルで影響力を行使

---

[9] 閣議議事録（1949.1.17）LAS 605 Prot. Nr. 2, S. 115–116.
[10] ルンディング中佐（Lunding, Hans Mathiesen）はデンマーク連絡将校（Verbindungsoffizier）。1946年以来，デンマーク系少数者とデンマーク政府間の連絡に当たる。キール会談出席。Vgl. Höffken, S. 39.

するという，外交交渉の場における影のような存在である。「キール会談」の影のキーパーソンと言ってよいかもしれない。その他，影のキーパーソンとしては，デンマークから海を越えて「南シュレスヴィヒ」にやって来てデンマーク系少数者団体南シュレスヴィヒ協会（SSV）の書記長となり，彼らの権利実現のために働いたティーゲゼン（Thygesen, Frants）のことも忘れてはならないだろう。］

2. ドイツ側対案

(1) 対案作成指示

　1949年3月3日に届けられた少数者側要求を，州政府は肯んずることはできなかった。そして，これに対して対案を作成することを命じたのである。議事録より。

>　　　　　　　　　閣 議 議 事 録[11]
>　　　　（1949年3月7日（月）10:45，リンデン館）
>
>　開始11:15，終了18:05
>
>　　　　　　　　8. 国境問題——資料なし——
>　州首相リューデマンは，［1949年］3月3日の総督の秘密書簡が，州政府とSSVの間の交渉を対象としている，と報告した。
>　書簡の到着に引き続き，首相は総督と意見交換を行なったのであるが，ここにおいて首相は，総督に次のように述べた由である。
>　1）メモランダムの中で述べられている要求は，州憲法に対して向けられている。州憲法に関しては，州議会の権限である。政府は，これに関わる決定を行ない得る状況にない。
>　2）州政府は，提出された種類の要望ならびに提案に喜んで対応する用意がある。
>　3）国境政策の根本事項に関する話し合い，ないしは，少数者またはこれに対応する州憲法政策上の問題に関する話し合いは，州政府としては，相同性

---

[11] 閣議議事録（1949. 3.7）LAS 605 Prot. Nr. 2, S. 135.

第7章 ドイツ側対案 123

> の基礎の上でのみ (nur auf der Grundlage der Gegenseitigkeit) 行ない得ると考える。したがってこの場合，デンマーク政府から全権を委ねられた人物だけが問題になるであろう，と。
>
> この内容を首相は，総督宛に書簡でも述べたいと言った。内閣はこれを承認した。
>
> 管轄の諸大臣には (州大臣 Dr. シェンク，州大臣ケーバー，州大臣 Dr. カッツ)，届けられたメモランダムを十分に検討し，12日間を期限として，内閣に態度表明を提起することが要請された。
> 先週火曜日に招いたデンマーク人学校協会 (der dänische Schulverband) 代表は，州文部省と学校技術上の問題を協議する権限を有していなかった。来週月曜日にSSV代表と新たに会合をもつことが予定されている。

約7時間の閣議の結果（途中休憩はあったであろうが），管轄の諸大臣に「届けられたメモランダムを十分に検討し，12日間を期限として，内閣に態度表明を提起する」ことが課せられた。12日間ということは，3月19日までということである。これは，3月29日の「キール会談」以前に，州政府としては基本的立場を確立しておきたかったということを意味する。しかし，これは果たせなかったようである。というよりは，問題が少数者のメモランダムの範囲を超えてきたということである。期限前後の議事録を見てみると，3月14日閣議に，次のような言及がある。

> 閣 議 議 事 録[12]
> (1949年3月14日（月）10:45，リンデン館)
>
> 開始11:20，終了17:00
>
> 　　　　　2. 首相報告
> g) デンマーク政府代表ルンディング中佐が，1949年3月15日（火）14:00に州首相リューデマンから昼食に招待される。州大臣ディークマンが同席を

求められた。

　すでにデンマーク政府の代理人ルンディング中佐はキールにやって来ている。州政府は，ルンディングを昼食に招いて，デンマーク国からの代理人をもてなした。その際どのような話がなされたかは不明である。

(2)「キール会談」最中の対案完成
　対案が完成したのは，「キール会談」に入ってからであった。「キール会談」の第1回本会談の日（1949年3月29日），会談終了後，蔵相Dr. シェンクは自室に州長官ニュダールと州長官Dr. ラウリッツェンを呼んで，対案を最終完成させたのである。（対案の正式完成は4月30日閣議用に資料準備された4月28日ということになる。）
　3人の人物の誰が主導的役割をしてドイツ側対案に至ったのかは不明である。しかし，のちの「**キール宣言**」という「**州政府の一方的宣言**」というアイディアを含めて，ドイツ側対案の推進者はシェンクであったと言ってよいだろう。ニュダールは少数者の権利擁護の各論点を推進した；また，ラウリッツェンは法律家として，それをチェックしていった；しかし，いずれにしても細部はニュダールとラウリッツェンで詰めていったのではないか。それに対して，シェンクは長年の「国境問題長老」であり，かつ蔵相としてこの間避難民問題にも財政問題にも大所高所から発言している。諸州蔵相会議では，全ドイツ的見地から避難民問題を解決せよと述べた。かつまた，のちにドイツ国会議員選挙には，SPD党員でありながら（SPDの候補がありながら）「ドイツ人」選挙協力の約束を守ってドイツ人候補（事情により無所属）を推薦しているのである。そして，シェンクは，「キール会談」第1回本会談で，デンマーク系少数

---

[12] 閣議議事録（1949.3.14）LAS 605 Prot. Nr. 2, S. 137.

者の権利保障を議会の法律とすることも可と述べ，これをディークマンに否定されている[13]。これらを総合的に見ると，議会採択により州の総意として内外に明示する「州政府の一方的宣言としてのキール宣言」を提起し，これを推進させたのはシェンクである可能性が高いと言えるのである。

それでは一体，そのドイツ側対案とはどのようなものか。それをいま全文掲げると次のようである。

ドイツ側対案　(1949.4.28)[14]
（シェンク，ニュダール，ラウリッツェンによる宣言案，1949年4月30日閣議用）
（タイトルならびに説明，太字強調はいずれも筆者［小峰］が付したものである。）

　　　　　　　　　　　　　　　　　　　　　　　　キール，1949年4月28日
シュレスヴィヒ・ホルシュタイン州政府
内務大臣

　　　　　　　　　　　　　　　　　　　　　　閣議案　第69/49号

デンマーク系少数者との会談について

　署名者［3名］は，開始された会談の結果を州政府と少数者の間の協約とはし難く，むしろこれを単に―デンマーク系少数者と調整して―形式的には**州政府の一方的な宣言として**，州議会の承認を得ることとする，との方向で出発したいと思います。

　これを原点とするにしても，署名者の判断では，これまでの専門家会談の結果（資料1）からは，州政府の発する宣言への一致した基礎は存在しません。

　署名者は，これに代わって別紙のような宣言案を提出いたします。本案は，協議の対象となったものにつき本質的なものはすべて盛り，かつ，SSVのように個別問題の中に拡散することを避けたものであります（資料2）。

　なお，州政府が本案を州議会に上程し承認を得るということを総督に伝えた方がよいと考えます。

---

[13]　Vgl. Höffken, S. 106.
[14]　LAS Abt. 605 Nr. 392, S. 1-4.

署名　Dr. シェンク　　　署名　ニュダール　　　署名　Dr. ラウリッツェン
―――――――――――――――――

(資料1)［専門家会談の結果］

　専門家会議の不満足な結果［は，次の原因によるものと考えられます。すなわち］――そこにおいて4人のドイツ人代表は，事前会談についての知識がなく，あらかじめ個々の点につき互いに意見一致させる可能性もなく，したがってデンマーク人草案について協議するための我が方の提言草案もありませんでした。
　したがって，デンマーク人草案を吟味して，2，3のきわめて重大な瑕疵を取り除くことができただけでした。
　協議を終了するに際して，確かに，ドイツ側の提案で3者編成の文書調整委員会（ドイツ側1，デンマーク人側1，英国1）の設置を決定することはできました。
　しかしながら，ドイツ側で要求した変更点のほとんどは当委員会で拒否され，それらは単に文言上の意味をもつに等しいものでありました。

―――――――――――――――――

［少数者原案の修正合意］

1. 南シュレスヴィヒに居住する何人も，自分がデンマーク系民族グループ（その中には，デンマーク心のフリースランド人も含まれる）に所属したいと欲するかを自分で決定しうる。
　この告白が問題とされたり審査されてはならない。
2. 何人も，デンマーク系民族グループへの帰属のゆえに，不利益を被ってはならない。個別には次のものである。
　a) デンマーク系民族グループ所属者の，政治的代表団体への選挙権ならびに被選挙権を制限することは許されない。選出されたデンマーク系民族グループ代表が，市町村，警察区，および郡の代表団体ならびに相応の委員会の中で協働することを，州政府は望ましいことだと考える。
　b) デンマーク系民族グループならびにその成員は，政治活動権を享受する。取り分け意見を自由に表明する権利，公共放送を利用する権利，政党を結成し，ならびに活動する権利であり，これらが州内の他のドイツ人公民および団体以上に制限されることは許されない。
　c) デンマーク系民族グループは，その使用する言語を顧慮することなく一般

的結社の自由ならびに集会の自由を認められる。彼らは州内の他のドイツ人市民に認められていると同一の教会的，文化的，人道的，専門的，経済的およびその他の法律に反しない目的を有する施設を設立する権利を保有するものとする。

　　デンマーク系民族グループは，言語を顧慮することなく，自由に図書館を設立し維持する権利をもまた保有するものとする。

　d）デンマーク系民族グループならびにその成員は，希望する言語の自由な展開ないしは使用を阻害されないものとする。裁判所ならびに行政機関の下でデンマーク語を尊重する権利は，一般法規程の範囲内，特に裁判所法ならびに訴訟法の範囲内で保障されるものとする。

　e）デンマーク系民族グループは，ドイツを志向する住民部分と完全平等に，新聞，雑誌およびその他の出版物を，彼らの希望する言語で刊行できるものとする。

　　公的公示をデンマーク系民族グループの新聞に知らせずにおくことは許されない。

　f）南シュレスヴィヒに居住する市民の何人も，デンマーク系民族グループ所属のゆえに，南シュレスヴィヒの外で労働しまたは居所をもつよう強制されてはならないものとする。かかる問題の決定に際して，デンマーク系民族グループ所属が規定要因となることも，また許されない。

　g）老齢年金ならびに教育扶助のような社会福祉給付を受ける権利は，デンマーク系民族グループ所属問題とは無関係のこととする。

3. a）デンマーク語を授業言語とする幼稚園ならびに学校を，一般法の枠内で設立することができるものとする。

　　この原則は，就学義務年齢を超える生徒に対しても適用される。

　　私立学校は，公的資金からの補助を受ける権利を有するものとする。

　b）デンマーク語を授業言語とする学校においては，十分なドイツ語での授業が行なわれるべきものとする。

　　フリースランド語地域にあるドイツ語を授業言語とする学校においては，詳細な規程にしたがってフリースランド語で授業を行なうことができるものとする。

　c）**親または他の教育権者が，その子どもを彼らの希望する学校へ就学させる自由な権利が制限されてはならない。**

4. デンマーク人聖職者ならびに教会共同体は，管轄の教会ないしは教会共同体当局との事前合意に基づいて，その地方の相異なる言語を自由に選択，適用して教会，墓地および似たような施設を使用しうるものとする。

5. 南シュレスヴィヒにおける公務員就職，ならびに吏員，被傭者，労働者，年

金受給者の待遇に関して，デンマーク志向者ならびにドイツ志向者の間にいかなる差別も行なわれてはならないものとする。

　　ドイツのまたはデンマークの団体に所属を欲するか，ドイツ語またはデンマーク語を授業言語とする学校に子どもを就学させるかを，彼らは自由に決定できるものとする。

　　しかしながら，圧倒的なドイツ文化地域で活動している，または活動する予定である中級官吏に関係する場合，本規定から逸脱することがあり得ることは自然なことだとみなされる。

6. a) デンマークとの宗教的，文化的および専門的な結合を育成するというデンマーク系民族グループの特別な関心は認められるものとする。

　　　かかる諸関係の育成は，州政府によって促進されるべきものとする。

 b) 宗教的，文化的および専門的な助言者として活動するために（例えば，聖職者，教師，農業指導員等），南シュレスヴィヒに入国することを許可されたデンマーク国籍の者が，彼らが仕事場をもつ市町村での移住許可の発行ならびに住居割当に際して，同職の他の国籍の者と比べて不利益を被ることは許されない。

　　　彼らは南シュレスヴィヒで政治活動を行なってはならない。

7. デンマーク系民族グループ所属者の一般的国家公民の権利ならびに義務は，本規定によって侵害されないものとする。

8. 上記の第1条から第6条に関わる協定が州政府ないし州の権限を超えた場合，州政府は，権限を有する各所において承認と実行のために尽力がなされるよう努力するつもりである。

　　　　　　　　　　（資料2）［宣言案］

シュレスヴィヒ・ホルシュタイン政府は，
　　ドイツとデンマークの間に，良好な近隣関係を招来するという展望，
　　デンマーク系少数者に，シュレスヴィヒ・ホルシュタインにおける正当な利益を保証するという展望，ならびに
　　デンマーク系少数者に，ドイツ住民との平和的共住生活を保障するという展望，
を抱いて，
　　シュレスヴィヒ・ホルシュタイン州議会の承認，ならびに
　　デンマーク政府が，北シュレスヴィヒにおけるドイツ系少数者に同一の権利と自由を認めかつ保障するであろうとの期待の下に，

次のごとく宣言する。

1) デンマーク人であること，ならびにデンマーク文化の表明は自由である。それが役所の側から問題にされたり審査されてはならない。
2) 何人もデンマーク系少数者ならびにその組織への所属ゆえに不利益を被り，ないしは特別扱いを受けることは許されない。
3) デンマーク系少数者とその組織および成員が，会話，書簡，ないしは印刷物で，希望する言語を使用することを妨げてはならない。
　　裁判所ならびに行政官庁の下でデンマーク語を使用する権利は，一般的法律によって規定されるものとする。
　　　デンマーク系少数者の所属者が，フリースランド語を使用することを希望する場合，第1条ならびに第2条は同様の意味合いで通用するものとする。
4) デンマーク語を授業言語とする幼稚園ならびに私立学校を設立することは保障される。
　　私立学校は公的資金からの補助の要求権をもつものとする。
　　　親ならびに教育権者がその子どもを公立国民学校 (öffentliche Volksschule) に就学させるか，ないしはデンマーク語を授業言語とする私立学校に就学させるかは，自由に決定できるものとする。
　詳細は法律に定める。
5) 第1条から第4条の原則は，公職ならびにその成員に関しても，それが責任ある部署，取り分け文化分野で活動している，あるいは活動する予定，でない限り適用される。
6) デンマーク人聖職者ならびに教会共同体が，ドイツの教会，墓地および似たような施設をデンマーク語を適用して使用する権利は，管轄の教会ないしは教会共同体当局との自由な合意にゆだねられるものとする。
7) デンマークとの宗教的，文化的および専門的な関係を育成するというデンマーク系少数者の特別な関心は認められるものとする。
　　州政府はかかる諸関係を促進するものである。
8) デンマーク系少数者所属者の一般的国家公民権は保障されるものとする。
　　彼らの国家公民義務は，この諸条項によって侵害されるものではない。
9) 上記に該当する諸条項が，州政府ないし州の権限を超えた場合，州政府は，権限を有する各所において，承認と実行のために尽力がなされるよう努力するつもりである。

ここにおいてドイツ州政府側は，「**自由表明主義（自由告白主義）**」を始めとするデンマーク系少数者の要求を最大限認め，かつ，「北シュレスヴィヒ」のドイツ系少数者の教育にも「**相同性原則**」を求めたのだった。

「ドイツ側対案」は閣議で承認された。それは4月30日（土）から5月1日（日）の2日間にわたって開かれた長大閣議であった。

閣 議 議 事 録 [15]
(1949年4月30日(土) -5月1日(日)，州政府会議場)

出席者
1. 州首相　リューデマン（議長）
2. 州大臣　ディークマン
3. 〃　　Dr. シェンク
4. 〃　　Prof. Dr. プレッラー（15:25-）
5. 〃　　Dr. カッツ
6. 主席州長官　Dr. ミュトリング
7. 州長官　Dr. ラウリッツェン
8. 〃　　ハウスマン
9. 〃　　ニュダール
10. ワグナー氏（報道室長）
11. 報告官　ヴォルタース（書記）

　　1949.4.30に招かれた者
　　　州建設監督　　ハアケ
　　　報告官　　　　Dr.　シュネル
　　　州長官　　　　ヴァルテマン（両日）
第一日：1949年4月30日，終了22:30

　　8. デンマーク系少数者との交渉——閣議資料No. 69/49——
　州大臣Dr. シェンクが，閣議資料の内容を報告した。
　州大臣Dr. シェンク，州長官Dr. ラウリッツェン，ならびにニュダールには，資料2）をいま一度精査し，州政府は作成された宣言の枠内においてデンマーク系少数者の要望に応える用意がある旨記した総督宛書簡の草稿を作成するよう決議がなされた。
　かつまた州政府は，本宣言文を州議会に上程し，承認を得る用意のあることも記すこととした。

---

[15] 閣議議事録（1949. 4.30-5.1）LAS 605 Prot. Nr. 2, S. 150.

シェンク（と思われる）の奇策が他の閣僚にどのように受け止められたのかは分からない。しかし，事前にリューデマン首相の了解は取っていたと思われる。提案は基本的に認められ，「宣言」案を整備して今後の対少数者交渉に臨むことが指示されたのであった。

「宣言」は，それまでの「客観基準」を改めて**自由表明主義**を認めるという英断を示した。これによって他の条項は，今後の相互の交渉で妥協できる可能性が開けたのである。（すでに少数者の側も「公立学校」を絶対の条件とはしてはいない。）

> 「…ならびにデンマーク政府が，北シュレスヴィヒにおけるドイツ系少数者に同一の権利と自由を認めかつ保障するであろうとの期待の下に，次のごとく宣言する…」

前文のこの表現をめぐっては，今後の「キール会談」でデンマーク系少数者から強い反対が出されたのであるが，州政府は本文言を死守したのであった。

なお，ドイツ敗戦からキール会談までの経過をまとめると次表のようになるであろう。

表9. 年表：ドイツ敗戦（1945.5.8）から「キール会談」（1949.3.29-7.7）まで

年	事項・シュレスヴィヒの状況	「英」英国・英軍政府	「少」少数者	「デ」デンマーク政府	「ド」州政府
1945	5.8 ドイツ敗戦，シュレスヴィヒ・ホルシュタインは英軍占領 ・シュレスヴィヒ・ホルシュタインに避難民127万人 ・新デンマーク運動起こる	英軍，新デンマーク運動を支持 10.13 英軍告知・デンマーク系少数者学校入学に「客観基準」	9. モンゴメリー将軍に「南シュレスヴィヒ分離要求」を提出（その後1949まで繰り返し要求提出） 少数者要求 ①南シュレスヴィヒの行政分離 ②引揚者追放 ③同権の承認	5.9 ①全党政府 Buhl 内閣「国境不変宣言」 11 ②ヴェンストル党政権，「自己決定論」強調（国境修正論）	10.13 英軍告知・デンマーク系少数者学校入学に「客観基準」
1946	4.11 ①シュテルツァー内閣 8.23 「独立州シュレスヴィヒ・ホルシュタイン」	9.9 「英」「9月ノート」国境変更打診 10.22 英軍書簡，少数者問題につき合同委員会を 11.7 第1回合同委員会	1.31 シュレスヴィヒ協会を「南シュレスヴィヒ協会」（SSV）に発展拡大 9.25 国民投票で国境変更せよと「デ」国王と政府に望む 11.7 第1回合同委員会	7.12 「北シュレスヴィヒ」のドイツ系少数者学校公立化禁止 10.19 「デ」「10月ノート」国境変更望まず	4.11 ①シュテルツァー内閣 11.7 第1回合同委員会でエーダート，「北南シュレスヴィヒの相同性原則」主張
1947	4.20 州議選，SSV 99,500票，6議席 4.29 ②リューデマン内閣	5.23 英軍大綱・客観基準	SSV 州議会党として認定さる	③ヘドトフト（SPD）政権。穏健現実派。しかし野党圧力で外相ラスムッセンは代表団を編成，「少」の要求を提示（→「ロンドン円卓会議」）。	ドイツの国境団体族生 4.29 ②リューデマン内閣（SPD）成立 8.1 シュ・ホ学校規程（「少」学校を私立化1948.4.1とする） 10. ニュダール，州長官となる
1948	1948.10.18—23 ロンドン円卓会議 ◎英は「少」要求を拒否 ◎しかし，代わってSSVとシュレ政府との直接交渉を提案 →1年後の「キール会談」（1949.3.29/7.7）へ	8.5 英軍，SSW を承認 11.9 総督，「ド」・「デ」直接交渉案を「英」政府に提示するも，実現せず（「デ」	2.23 南シュレスヴィヒ分離要求書 南シュレスヴィヒに「独立学校」成立 5 デンマーク政府のイニシアチブ →「少」はアゲルコスをコペンハーゲンに派遣 8.3 南シュレスヴィヒ分離要求書 8.5 「英」占領軍南シュレスヴィヒ選挙同盟（SSW）を公認 8.13 SSV の南部活動領域要求	6 「デ」外相ラスムッセン，南シュレスヴィヒ4団体と英軍との協議を提案 ・「デ」外相ラスムッセンの照会，「デ」英会議の目標を質問，「少」の要求を支援	2.9 閣議決定で「少」学校の私立化を1949.4.1まで延期 10.4 ニュダール，シュレスヴィヒ全権委員となる 10.25 ニュダール，閣議に「ロンドン円卓会議」報告

第 7 章 ドイツ側対案　133

年	事項・シュレスヴィヒの状況	「英」英国・英軍政府	「少」少数者	「デ」デンマーク政府	「ド」州政府
1948		政府拒否?）	12.15　SSV,「デ」政府との交渉方針確立 12.16　ティーゲゼンら「デ」へ、「デ」は、国境問題は除くとの考え 12.20　クラウゼン、現実論、述べる	11.9　総督,「ド」・「デ」直接交渉案を「英」政府に提示するも、実現せず（「デ」政府拒否？）	11.　州政府代表（ディークマン首相代理ら）渡英、ロンドン会談内容質す。その後ケーバー大臣ら「デ」へ。「デ」首相ら（ヘドトフト）「国境不動」発言
1949	3.3　少数者要求・南シュレ学校法案	1.24　英軍書簡、交渉は「少」と「ド」で 2.11　外相「教育問題は「英」の問題外、会談助言者になる」	1.12　会談反対論 1.13　SSV大会。州政府との話合に反対論（ミュンホウ退席） →草案合意 1.15　「デ」への草案大要出来（二部構成＝**行政分離・自己決定論**） 2.8　ティーゲゼン「英」方針伝達 2.18．学校要求合意 2.22　要求草案出来（文化要求のみ） 3.2?　覚書「英」へ提出 3.3　少数者要求・南シュレ学校法案	1.14　首相ハンゼン、「ド」SPD宛書簡「「少」・「ド」会談受諾」 1.18　「南シュレスヴィヒに介入せず・「少」を徒労で帰国させる」（フレ日報） 1.20　「ド」との交渉拒否、紳士協定提案（Dr.シェンク）も拒否 2.25　「英」のイニシアチブ希望	1.6　リューデマン「デ」との交渉求む 2.　始め　ニュダール渡英 2.4　首相、閣議報告「会談へ」 2.5　ニュダール,「最終会談はボンとコペンハーゲン政府間でのみ可能」 3.4　SSVの南部活動領域要求却下 3.7　閣議。対応決定せよ 3.14　閣議。 3.15　ルンディングと会談 3.16　話合受入
	3.29-7.7「キール会談」（1949.3.29-7.7）				3.29　ドイツ側対案作成作業
	↓ 「キール宣言」（1949.9.26）へ 5.23　ボン基本法可決 8.14　西ドイツ国会選挙,SSW1議席 8.29　③ディークマン内閣 12.13　州憲法採択、西ドイツの州へ		8.14　クラウゼン（SSW）国会議員へ		4.1　「南シュレ」の「少」公立学校を私立化 8.14　国会選挙、シュレ・ホでSPD敗北 8.29　③ディークマン内閣 9.26　「キール宣言」州議会採択

(Biehl, Fink, Höffken, LAS 等を基に筆者作成。一部略称を用いた。)

第8章
キール会談

キール港

(2005年,筆者撮影)

1．「キール会談」(1949.3.29-1949.7.7)

　さて，こうしていよいよ「キール会談」がもたれることになり，その結果が，「キール宣言」と言われるシュレスヴィヒ・ホルシュタイン州政府の少数者文化・教育権保障の「一方的宣言」となって結実するのである。今，その概要を述べておこう。

(1)「キール会談」の構成と参加者，重要論点

　そもそも「キール会談」とは，3回の本会談と2回の専門家会談，合計5回（事前の予備会談を含めると6回）に及ぶデンマーク系少数者とシュレスヴィヒ・ホルシュタイン州政府との交渉ということになる。そのキール会談の構成ならびに参加者，および重要論点をいま，一覧にしてみると次表のようになるであろう。

表10　キール会談（1949.3.29-1949.7.7）年表

日付	会談名	出席者	会談内容	原案等
				⇐少数者原案 （1949.3.3）
日付不明 [1949.3.3- 3.29の 間]	0．予備会議	（英総督・議長）—Asbury （デ少数者）代表—（複数） （ド）—Ludemann（?）	・英議長とデ少数者（複数）との間の純粋な準備的会合 ・デ少側が，個別問題は専門家会議での検討を提案	⇐ドイツ側対応 作成指示（3.7）
1949.3.29	Ⅰ-① 第1回本会談	英議長—Asbury デ少—C. Hansen, Thygesen, Clausen ド　　—Lüdemann, Diekmann, Schenk, Lauritzen オブ—Lunding	・少数者原案を検討 ・人の権利＝基本法を作成中（ド） ・自由民族申告制に，ドイツ側で意見の開きあり ・第三節難航 ・メモを作り終了	⇐ドイツ側対案 作成作業（3.29）
4.21-22	Ⅰ-② （第1回） 専門家会談	英議長—Chetwynd, McIntosh, Cory デ少—B. Hansen, Thygesen, Clausen, Münchow, Christensen, Jessen ド　　—Nydahl, Wormit, Gross, Gäde	・デ少側の原案を検討 ・ド，人の権利は枠を超える→今後扱わず。ニュダール「文化問題に限るべき」 ・デ少側，「少数者教育法案」取り下げ ・「民族グループ」に用語統一 ・ド，自由民族申告制は現行法	・両者の歩み寄り姿勢あり ・ドイツ側の「攻勢」，デ少側守勢

第8章 キール会談　137

		オブ—Lunding	に抵触。行政言語・裁判言語はドイツ語。また，教会言語，自治体言語に関しては州政府に決定権なし。原案の方向は納得できる	(→ド，自由表明主義受容
				⇐ドイツ側対案閣議承認 (4.30)
5.4	II-①第2回本会談	英議長—Asbury デ少—Bøgh-Andersen, Münchow Clausen, Christensen, Thygesen ド　—Diekmann, Käber, ?, ?	・ドイツ側攻勢 ・デ少，監視委員会を仲裁裁判所で調整せよと提案	⇐1日前にドイツ側対案届く
				⇐ボン基本法可決 (5.23)
6.16-17	II-②(第2回)専門家会談	英議長—Chetwynd, McIntosh, McKeever, Cory デ少　—Münchow, Clausen, Christensen, Jessen, Fischer, Thygesen ド　—Nydahl, Lauritzen, Wormit, Rietdorf オブ—Lunding	・最後の専門家会議(「一致点を見出しうる」=閣議報告 Lauritzen) ・キール宣言(ドイツ側対案)を検討 ・公表形式につき意見あり ・少，上級学校設立可の文言提案，ド否定 ・作業委員会継続審議，フリースランド人適用 ・呼称は「デンマーク心の住民部分」の妥協案	⇐デンマーク国選挙回避
7.7	III. 第3回本会談	英議長 Asbury デ少—Bøgh-Andersen, Münchow, Clausen, Christensen, Thygesen ド　—Diekmann, Käber, Lauritzen, Nydahl オブ—Lunding, de Havilland, Chetwynd, McIntosh	最終，最重要 ・「職業訓練の学校」了承 ・呼称「デンマーク系少数者(デンマーク心の住民)」(序文)・「デンマーク心の住民」(他の部分) ・ド，文化公務員条項削除 ・補助金，法人へ ・フリースランド人条項，援用で ・監視委員会へのデ提案了承	
				⇐西ドイツ国会選 (8.14)
1949.9.26	「キール宣言」			

(Biehl, Höffken, LAS 等を基に筆者作成。一部略称，欧文を用いた。)

(2) 本会談と専門家会談

「本会談」(Hauptsitzung) は，英国の議長（総督アズブリー）のもとに少数者代表と州政府代表，それにデンマーク代理人ルンディング中佐が出席して，「南シュレスヴィヒ」の少数者の権利一般（当初），文化権・教育権，そしてその権利保障のための組織ならびに公表形式について原則的見地を出し合い，専門家会談に検討をゆだね，かつ，その結果を最終的に合意したいわばトップ会談である。

それに対して，「専門家会談」(Sachverständigenberatung, Expertengespräche) とは，英国議長（チェトウィンド卿），少数者代表，ならびにシュレスヴィヒ全権委員ニュダール以下の州政府代表，そして本会談と同じくデンマーク代理人ルンディング中佐のオブザーバー参加の下に，本会談で提起された課題を突っ込んで検討する実務者会談である。そして，私が究明しようとしていたニュダールの戦後史は，ほぼこのキール「専門家会談」に集約されるのである。

両会談の5回にわたる議論のポイントは，別表の一覧に付した「会談内容」の通りである。大要を述べるならば，会談は，当初デンマーク系少数者側の作成した少数者原案（「第6章少数者提案」参照）を元にして行なわれた。この段階では，ドイツ側対案は提示されていず，州政府側は「劣勢」であった。

それが，州政府が「自由表明主義」を受容し少数者の権利を州政府の「一方的宣言」として内外に発表するという方針を固めてから，ドイツ州政府側は「攻勢」に転ずるのである。（「ドイツ側対案」の正式承認は，1949年4月30-5月1日の閣議である。）

2.「キール会談」各回の特徴

(1) Ⅰ-①. 第1回本会談（1949.3.29）

英総督アズブリーの議長のもとで，会談開始。デンマーク系少数者メンバー

は，C. ハンゼン，ティーゲゼン，クラウゼンの，長年，少数者運動を担ってきた者たちである。対する州政府の側は，州首相リューデマン，首相代理ディークマン，国境問題長老の蔵相Dr. シェンク，それに州長官Dr. ラウリッツェンである。ルンディングが，デンマーク政府の代理人として会談の様子をオブザーバーとして見守った。

　まずコルネリウス・ハンゼンが草案全体の趣旨を説明して，要求が歴史的，必然的なものであることを訴えた。

　　（C. ハンゼンは，元フレンスブルク市参事会員であり，長くSSV議長[1]。先の「南シュレスヴィヒ」分離要求書にも署名している少数者運動の代表者である。）

　続いて少数者原案を検討したが，双方で意見の開きが大きかった。少数者が提案の第一部で述べた「人の権利」について，州政府の側は，ドイツ連邦共和国において現在基本法（ボン基本法）を作成中であるので，それに少数者要求は含まれるはずだとかわした。

　民族の「自由表明主義」をめぐっては，ドイツ側でも意見の開きがあった。ディークマンとシェンクは，同原則を支持できるとしたが，シェンクはこれに限定をかけた。つまり，私人が「真正デンマーク人」（echte Dänen）と「新デンマーク人」（Neudänen）を区別することまでは禁じられぬ，としたのである。これは，戦前からデンマーク人団体に所属している古参の「少数者」と，

---

[1] SSVについては，先に第2章で触れたが，ここで若干補足する。1920年6月26日「シュレスヴィヒ協会」（Den Slesvigske Forening: Der Schleswigsche Verein）として発足したデンマーク系少数者団体は，1946年1月31日，第二次世界大戦後の会員増大，「新デンマーク運動」の高揚の中で「南シュレスヴィヒ協会」へと発展拡大した。「シュレスヴィヒ協会」の時代には，当初会員5,000人であったが，これに対して新聞の発行停止などの同団体への弾圧の結果1945年には2,500人となった（半減）。新生「南シュレスヴィヒ協会」となってSSV会員は74,000人（1948年）。これは1945年に比して約30倍である。また，デンマーク系少数者の得票も99,000票に達している。Vgl. Fink, S. 325.
現在，フレンスブルク市には，このSSV初期議長コルネリウス・ハンゼンの名を冠したデンマーク語私立学校（Dänische Privatschule）「コルネリウス・ハンゼン学校」（Cornelius-Hansen-Skolen）が存在する。Vgl. フレンスブルク市HP　http://www.flensburg.de/bildung/index.html参照。

戦後,駆け込み的に「デンマーク人告白」をしている「少数者」との間には一定の線引きがあっても止むを得ない,とのことであろう。

　第三節,少数者の権利保障のための「特別規定」についても,シェンクとディークマンには意見の開きがあった。シェンクは,会談結果をシュレスヴィヒ州議会で法にしてもよいとし,もし「北シュレスヴィヒ」でも同様の条件が有効となれば,国連のような国際的な場における確認が可能となろう,と発言した。これに対してディークマンが,それはあくまで「個人的見解」だ,と釘をさした。「北シュレスヴィヒ」問題は,デンマーク政府・英軍政府・シュレスヴィヒ・ホルシュタイン州政府の3者で解決するべきだとしたのである。

　少数者と州政府の間に意見の開きが大きく,また,州政府内部でも意見の食い違いがあって,会談に意見統一の流れは存在しなかった。会談はメモを作って終了した。総じて,問題の所在は確認したが,その解決方策は混沌としていたというほかはない。「南シュレスヴィヒ」公立学校の私立化実施（1949.4.1)直前の会談であった[2]。

(2) Ⅰ-②. 第1回専門家会談（1949.4.21-22)

　第1回専門家会談は,第1回「本会談」で提出された問題の実質検討に充てられた。州長官ニュダールは,州政府側代表としてこれを受け止め,むしろ少数者の要求を抑制した。

　「専門家会談」については,英国議長チェトウィンドによる公式報告書,ならびに州政府の側の非公式報告書が残されているので,それを見ることにしよう。

第1回　専門家会談報告書［公式］[3]
（1949年4月28日,議長チェトウィンドによる英総督への報告書）

報告　23719/2/GOV

　　　　　　　　　　　　　　HQシュレスヴィヒ・ホルシュタイン州

キール
312 HQ CCG （BE）
BAOR

1949年4月28日

シュレスヴィヒ・ホルシュタイン総督　殿

拝啓
　閣下にご報告できることを光栄に存じます。閣下が3月29日に議長をされました，州政府代表とSSV代表との会談の席上で召集のありました専門家会談は，当会談で詳細に検討すべく送付しましたSSVのメモランダムの検討を目的として，4月21日，ならびに22日に開催されました。
　協議は十分な「意思と誠実」の精神でなされ，両者から，州政府の側ならびに少数者の側にとって受入可能な，満足のいく解決に至りたいという希望が表明されました。
　私が議長を務め，出席者は以下の通りであります。

　　州政府側
　　　　州　長　官　　　ニュダール
　　　　行政長官　　　ヴォルミット
　　　　報　告　官　　　グロス
　　　　高校視学官　　　ゲーデ
　　SSV側
　　　　S. ミュンホウ　氏
　　　　H. クラウゼン　氏
　　　　L. P. クリステンセン　氏
　　　　Tage イェッセン　氏
　　　　Bernhard ハンゼン　氏
　　　　F. ティーゲゼン　氏
　　その他参加者
　　　　中佐 H. M. ルンディング
　　　　Murdoch マッキントッシュ　氏

---

[2] Vgl. Biehl, S. 51, Höffken, S. 105-106.
[3] LAS Abt. 605 Nr. 472.［ページなし］

F. コーリー　氏

　会談は私に，会談の名において，ルンディング中佐の出席と彼の行なった有益な支援ならびに助言に感謝する旨の要請がありました。

　SSVメモランダムの第Ⅱ節は，議論の後いくつか変更に至りました。同封いたしましたのは，第Ⅱ節に関して修正を行なった変更済みメモランダム正本であります。専門家会談の提案しますところは，本案をここで主会談の検討に付し，専門家会談で修正された部分をご承認いただきたいということであります。

　州政府の名において出されました申し立て，すなわち，メモランダム第Ⅰ節ならびに第Ⅲ節の検討は専門家会談の管轄領域ではない，なぜなら第Ⅰ節は将来のドイツ連邦共和国憲法の諸条項に関わるものであり，第Ⅲ節はシュレスヴィヒ・ホルシュタイン州議会のみの権限事項を含んでいる，との申し立ては受け入れられました。

　少数者の教育の自由ならびに教育権に関する一般原則を述べた第Ⅱ節部分を検討して，次のような合意に至りました。すなわち，**少数者のための市立学校（städtische Schule）を再び設立するというSSVの希望を本報告に明記する**，ということであります。さらに，SSVによって提出されました**南シュレスヴィヒにおけるデンマーク系学校制度規程草案は，主会談で相応の指示が出されるまでは専門家会談で検討を行なわない**，ということも合意いたしました。本草案1部を同封いたします。

　書籍ならびに文献およびその他の資料をデンマークから持ち込むという少数者の権利に関する第Ⅱ節は削除する，ただし，かかる搬入規制ならびにそれと連動した資金等規程が占領軍の手から離れた暁には，改めてこの問題を議論する権利はSSVにあるということを本報告に明記する旨，合意されました。

　専門家会談には，メモランダム第Ⅱ節に以下の安全条項を付加するのは同会談の権限であるとの見解でありました。すなわち，第一は，少数者グループ所属者と他の者の公民権の保障に関するものであり，第二は，本協定の一定の点が州政府の権限内に無い場合の当該取り決めの結果に関するものであります。

　会談は私の助言により，会談の現段階においては，当会談につき公衆にはこのような会合が開催されたということ，およびSSVメモランダムの個々の点が話し合われたという簡単な報道によって知らしめるだけとする，ということが合意されました。

敬具

（署名）
チェトウィンド

第1回　専門家会談ドイツ側報告書［非公式］[4]
（1949年4月26日，報告官ゲーデによる報告書）

キール，1949年4月26日

V11

報　告　書

主題：1949年3月3日付で総督から州政府に届けられた
　　　南シュレスヴィヒ協会（SSV）のメモランダムに関する
　　　1949年4月21-22日の専門家会談の議論

出席者：
　　ロード，チェトウィンド　　　　　　議長
　　中　佐　ルンディング　　　　　　　デンマーク政府代表
　　州長官　ニュダール　　　　　　**州政府代表**
　　行政長官　ヴォルミット　　　　　　〃
　　報告官　Dr. グロス　　　　　　　　〃
　　報告官　Dr. ゲーデ　　　　　　　　〃

　　州議会議員　ミュンホウ（フレンスブルク）　　SSV代表
　　ティーゲゼン　氏（フレンスブルク）　　　　　〃
　　ターゲ・イェッセン（フレンスブルク）　　　　〃
　　L. P. クリステンセン（フレンスブルク）　　　〃
　　ベルンハルト・ハンゼン（フレンスブルク）　　〃
　　クラウッセン［ママ］（シュレスヴィヒ）　　　〃

　議長による挨拶ののち，まず第一に，報道陣には会談が開かれたということだけを議論そのものには言及せずに伝えることが確認された。次に，議長の提案で，メモランダムの一点一点を十分に話し合うという方式で話し合いに入った。

I

　議長より，第I節で扱っている諸条項は，当専門家委員会が検討しなければならない水準を超えているとの指摘があった。

---
[4] LAS Abt. 605 Nr. 392, S. 10-11.

SSV代表からは，これらの諸条項はデンマーク人の側に保証を与え，いま支配的な不安定状態を除去するために，デンマーク人にとって特別に重要なものであるとの表明があった。

　これに対して州代表の側からは，これらの一般的諸条項は，察するにボン基本法の中で配慮されるはずであるということを考慮してもらいたい；当委員会ではしたがって検討しない，相応しくない，という点が主張された。そして第Ⅱ節ならびに第Ⅲ節だけを話し合いたいとの提案がなされた。

　デンマーク人の側からは，その後再度，ボン基本法草案の中に一般的な形の諸条項が盛られるにしても，デンマークを志向する民族部分（Volksteil）にとって不安がなお存続していることに鑑みるとき，州政府が，自分たちは第Ⅰ節の精神の中にあるのだということを表明すること，そのため，2つの住民部分に同等の権利を承認することは格別の意義をもつであろう，との指摘がなされた。

　その後議長より再度，第Ⅰ節に盛られている諸条項はボンでの検討が必要とされるものである；加うるに，他の少数者に関する諸規定も問題となるであろうとの断言がされた。

　これをもって，第Ⅰ節に関する検討は打ち切られた。

Ⅱ

　クラウッセン氏（SSV）より，SSVから提案のあった第Ⅱ節の諸規定の根拠が，長時間説明された。歴史的回顧は，以下のような断言で終了した。すなわち，**これまで2つの民族（Nationalität）が存在してきたのであり，いつでもドイツ民族からデンマーク民族へと，またその逆も行なわれてきたのである；この権利は，将来においても確実に存続しなくてはならない；外面的な指標によって民族を切り離すことがあってはならない；ただ信条だけが決定的である；官庁の命令によるあらゆる制限は，したがって，強制と言わなくてはならず，民主主義の上に築かれた権利とは相容れないものである**，と。

　州長官ニュダールは意見表明の中で，これに基本的に賛成である；しかしながら「民族」は第Ⅱ節第2項で使用されている語であるが，人がここで考えるところを開陳するのは本来の課題ではない，と指摘した。SSVにおいては，純粋に文化的体制が問題なのであるから，この会談においては，デンマーク文化の人々，ならびにドイツ文化の人々という表現を使用すべきである，と提案した。

　州議会議員ミュンホウからは，そのような理解には納得できない；なぜなら，今なお政治関係が不透明な状況である限りにおいて，デンマーク人の側に関し，文化活動と政治活動を区分することは不可能である，との表明がなされた。

　議長より，政治関係は法律によって規制されるものであり，本会談において

は文化方面のみを扱うのがよいであろう,との指摘がなされた。
　州政府代表より表明された考え方に関して,長時間のやりとりが行なわれたのちに合意が成り,そののち第Ⅱ節末に新たに加えられた第15項「国家公民としての権利ならびに義務は,上記の第1-14項で述べられた諸規定によって侵害されるものではない」をめぐって検討が行なわれた。
　「デンマーク民族」(Dänische Nationalität),「デンマーク文化の人々」(Dänischer Kulturkreis),「デンマーク心の住民部分」(Dänischer gesinnter Teil der Bevölkerung) の各表現に関しては,「**デンマーク系民族グループ**」(**Dänische Volksgruppe**),という表現とすることで一致した。
　ここにおいて,第Ⅱ節の逐条審議に入る前に行政長官ヴォルミットがいま一度,ここでの合意の精神は,デンマーク系民族グループの権利を保障するものである；ここでの会談の基本点が今,表明されるのである；いずれにせよ,考えの表明が行なわれるべきである,と指摘した。
　第Ⅱ節の諸条項がここで十分に話し合われ,本会談に提出した文言が確定した。(それらは資料に一括してある。したがってここでは,第Ⅱ節の各条項に関する議論の中から,最重要の点のみを報告する。)
　同封のメモランダムに対する全変更点,ならびに最終的文言は,相互の了解の中で行なわれた。

第1条
　州政府代表の側から,次の点の指摘がなされた。すなわち,もし要求されているように,「南シュレスヴィヒに居住する何人も…自身決定しなければならない」(第1条の当初案のまま)であるとするなら,協定の精神に合致しない,と。第1条はふさわしいものに変更された。
第2条
　SSV代表から,本規定は,**1928年のプロイセン少数民族規程のほとんど文言そのままを引用したものである**,との指摘がなされた。今日もなお,デンマーク心の住民の一部が,デンマーク系民族グループへの帰属を問題とされているので,この規定には格別の価値がある,と。
　議長から,この点の承認は避け難く,本説の表明もまた不可避であろう,との見解が示された。
　州政府代表からは,例えば住民調査に際して,日常語の問題を避けるわけにはいかない,との指摘がなされた。
　州議会議員ミュンホウは,本条は避けることはできない；かつまた,ナチ時代に事例があったように,そこから〔信条告白から〕いかなる帰結をも導いて

はならない，と付け加えた。(文言は資料参照)。
第3条
　州議会議員ミュンホウは，3条bに関して，彼らの側から補足を求めた。すなわち，本規定は，デンマーク系民族グループ所属者にとってのみならず，その団体にとっても有効なものである，と。3b項の規定は，ワイマール憲法第113条から引用したものである。3a，ならびに3bは，合わせて3aに統合した。(資料参照)

第3条c
　第3条c項は，立ち入った議論を引き起こす契機となった。

　州長官ニュダールは，本項の削除を提案した。なぜなら，ここで問題となっているのはSSWの利害であってSSVの利害ではないからである。さらにまた，州議会の比例代表選挙が決議されている，と。

　州議会議員ミュンホウはこれに対して，SSWは占領軍政府によって承認されたものではある。しかし，州政府によって承認されたものではない，と反論した。

　議長は，この規定は市民の権利を扱っており，SSWを承認するということは州政府の権限ではない，と述べた。

　次にSSV代表は，自分たちが本項を起案するに際しては，ある特別の事柄が念頭にあった；例えばフーズムでの事件である。これは，民主主義的態度が見られなかったものであり，そのため，関連の諸団体には，民主主義諸原則を遵守するよう注意を喚起することが必要である，と。小さなグループでも協力することは可能であり，これはSSWの意図するところでもある；これが達成されなくてはならない，と。フレンスブルクの市当局において，ドイツ人が代表をしていないにしても，彼らは締め出されたのではなく，むしろ自ら退いたのである，と。

　議長はSSV代表に対し，SSVの心配は十分に理解できるが，しかしながら代表者たちの希望するものは選挙権の変更を意味する；そのことについては，本委員会は権限外である，と説明した。市町村の小委員会ならびにこれと同様のところにおける十分な代表権は，一般的には，ジェントルマン合意の事柄である，と。

　次に州政府代表から，3c項の第一部分には同意が可能である；しかし，第二部分は市町村等々の権利への侵害となる，との説明があった。もしも一同が，州政府の側からの各州代表団体への推薦に合意されるならば，州政府としては内閣に対し，本件検討の可否ならびに方法を委ねたいと考える，と。

　その後，本規定は，3bとして定式化された。(資料)。

第3条d

第3条d項の議論において，行政長官ヴォルミットから，この規定は〔ドイツ〕法典との関係で困難がある，との指摘がなされた。

州議会議員ミュンホウは1920年当時を想起して，南シュレスヴィヒ部分において，田舎に差し向けられた官吏，労働者は多くがこのようなデンマーク心の住民であった；しかしながら，今日においてもなお保証はなく，避難民問題が事態をさらに一層困難にしている，と述べた。クラウッセン氏はこの説明を強調し，なによりも望まれるのは，下級機関がデンマーク人に対して悪意に満ちたやり方で扱うという状況に対して保証を作り出すことだ，この種の事例は数限りなく満ちている，と述べた。

議長ならびに州政府代表は再度，鉄道，郵便，〔占領〕軍諸組織ならびにこれと同様のものに影響力を及ぼす権限はない；しかしながら，SSVメンバーにとっては今なお，例えば私企業がSSVメンバーを雇用することを放棄しているというようなことがあれば，確かにそれによって困難が生まれているかもしれない，と述べ，この条項に基づき，3c項のような表現で一致した。（資料参照）。

第4条

ドイツ法ならびにデンマーク法に基づく現行法の状況が，詳細に議論された。

第5条

最後の部分を利用して，第5条は以下のように定式化された。（資料参照）。

第6条

（文言は資料参照）。

第7条

SSV代表ターゲ・イェッセンは，次のように説明した。すなわち，SSWは占領軍政府によって導入されたものではある；しかしながら人々は，州政府とSSVの間の自由意志で，再び1933年以前の状態に戻ることを望む旨の，文書化した協定を取り結ぶことを望んでいる，と。

第8条

州長官ニュダールは，教会は州政府の下にあるものではなく，したがって，義務規定を州政府が保証することはできないだろう，と述べた。

第9条

L. P. クリステンセンは，公共の告示ならびに広告における不利が生じてはならない，との補足を入れるよう希望した。

第10条

第12条が第10条に付け加えられた。

第11条

　SSV代表の側から，第11条に見られる一般的規定を経由して，個々の学校問題諸規定を確立したい旨の希望が表明された。草案は提出されている。（資料参照）。

　何が保証されることを望むのか，との議長の問に，L. P. クリステンセンは次のものであると述べた。

　(1) 国庫補助による私立学校

　(2) 200名以上の児童が居た場合，公立学校への権利（das Recht auf öffentliche schulen）

　また，今は (2) の要求が合意に至らぬかもしれないが，それにもかかわらずこれらの要求は，SSVの側で保持されるであろう，と述べた。

　ゲーデは，民族グループの学校問題規則に関する個別規定は切り離して立案しなくてはならない，かつまた，それを本合意の中に取り込むことはできない，と述べた。

　議長は，いずれにしても一般的な大綱の確立だけを望む，とした。（文言は11条a-c項参照）。

第12条

　――［第9条に結合］

第13条 a) b)

　（文言参照）。

第14条，第15条

　新たに付加した。

　第Ⅱ節の協議の終わりに，州長官ニュダールは次のように表明した。すなわち，州政府代表はまさに内閣の考え方に表現を与えたのみである；だが，内閣の承認という留保が付されなければならぬものである，と。何よりもまず長官の指摘したことは，会談の冒頭に言及したように，内閣は相同性原則を求めるということ，とりわけ学校領域においてはそうである，と。

　　　　　　　　　　　　　Ⅲ

　議長より，第Ⅲ節には，州議会に関係することが扱われている，との表明があった。

―――――――――

　行政長官ヴォルミットの提言で，議長は，本規定の最終確定をする前に，双方の側から各1名の代表による作業委員会で編集上の吟味を行ない，そこが提案

> する，というのがよいであろうと表明した。最終的な文言は，やがて双方から成る作業員会から送付される運びとなっている。
>
> （署名）
> ゲーデ

　2つの報告書を読み進めていくと，緊迫した会談における双方の要求と論理のぶつかり合いが見えてくる。報告書であるので，実際は，それよりもはるかに厳しい交渉であったろうと推察されるのであるが，それにしても，歴史の中で迫害され不利益を被ってきたデンマーク系少数者が，今，なぜこのような要求を提出しているのかが切々と伝わってきて，読む者の胸を打つ。だが，それを一つひとつ退けてゆく州政府の側の論理も，またしたたかである。「官僚国家」，「行政論理」とは斯くなるものかと思わせられるのである。しかし，いずれにしても文書主義のドイツの姿が躍如としていること，そして，州政府は少数者に相対してはいるが，ドイツ公民である彼らを守るのもまた州政府でなくてはならぬ，との行政の側の責任意識も読み取れるのである。

　専門家会談の結果は，英国公式報告書が簡明に表現している。

①メモランダム（少数者提案）第Ⅰ節（人の権利），ならびに第Ⅲ節（特別規程作成）の検討は却下した。

②メモランダム第Ⅱ節を検討して文言を修正した。

③**少数者学校法案は，主会談の指示があるまで検討しない（事実上の棚上げ）。**

④**少数者のための公立学校設立につき，その「希望」は本報告に明記する（これも事実上の見送り）。**

　交渉において，州政府は確実に少数者を押し返した，と言ってよいだろう。

　しかし，私は，当のドイツ側報告書に記されている会談の詳細に，むしろ注目したい。それは次の諸点である。

　①メモランダム第Ⅰ節（人の権利），ならびに第Ⅲ節（特別規程作成）の却

下を推進したのは議長チェトウィンドである。すでに英国の側は，少数者問題から手を引き，問題をドイツ連邦共和国に委ねようとしている。

②ドイツ側ではすでに対案の基本方向が出ており，会談の結果を「州政府の一方的宣言」によって明示するという姿勢が読み取れる。

③教育要求に関して，ドイツ側は，「公立学校」は否定するが，それ以外の点については柔軟である。(自由表明主義ほかの少数者要求受け入れ)

④また少数者の側も，もはや「公立学校」に見通しはないということを悟っている，最低限，国庫補助が実現できればよいと考えているようである。

> 「何が保障されることを望むのか，との議長の問に，L. P. クリステンセンは次のものであると述べた。
> (1) 国庫補助による私立学校
> (2) 200名以上の児童が居た場合，公立学校への権利。
> 　また，今は(2)の要求が合意に至らぬかもしれないが，それにもかかわらずこれらの要求は，SSVの側で保持されるであろう，と述べた。」(ドイツ側報告書より)

⑤メモランダム第2条「自由表明主義」は，少数者の側から提起されたものである。

> 「SSV代表から，本規定は，1928年のプロイセン少数民族規定のほとんど文言そのままを引用したものである，との指摘がなされた。今日もなお，デンマーク心の住民の一部が，デンマーク系民族グループへの帰属を問題とされているので，この規定には格別の価値がある，と。」(同)

本節冒頭に「第1回専門家会談は，第1回「本会談」で提出された問題の実質検討に充てられた。州長官ニュダールは，州政府側代表としてこれを受け止め，むしろ少数者の要求を抑制した」と記したのであるが，やはり，その評価は外れてはいないであろう。ニュダールは，確かに少数者の権利を進める立場ではあるが，会談の経緯を追うと，そこにはリューデマンから託された州政府の使命推進，否，この国境州においてドイツ国，ドイツ国民の利益を保全するのだとの強い姿勢が見えてくる。私は，本研究に入り込んだきっかけともなっ

たブフホルツ論文に，次のような引用があったのを想起するのである。

> 「...北シュレスヴィヒに生まれたドイツ人［ニュダールのこと］にとって，少数民族問題に対する立場は，ほとんど自明のことである。私は，デンマーク政府が，北シュレスヴィヒのわが同胞に，ドイツ語とドイツ文化保護によって彼らのドイツ文化共同体帰属を表明する自由を与えるよう切に望んでいる。そして，私も，『純粋』デンマーク系少数民族の文化要求に，国境の南［ドイツ］で喜んで応じようと思う。だが，デンマーク語やデンマーク文化を心底領有しようとする気持ちがなく，ただ，デンマークへの帰属を望み，ドイツが凋落するような方向だけを求めるドイツの国境住民［デンマーク系少数者］のことを，私は理解することができない…」[5]

「デンマーク語やデンマーク文化を心底領有しようとする気持ちがなく，ただ，デンマークへの帰属を望み，ドイツが凋落するような方向だけを求めるドイツの国境住民」とは，戦後になって駆け込み的に「デンマーク人告白」をし「シュレスヴィヒの分離・デンマーク帰属」を求める俄か「デンマーク系少数者」のことであろう。ミュンホウ，L. P. クリステンセン，クラウゼンのようにデンマーク人告白をし長年少数者運動を担ってきた人物には敬意を抱き，彼らのデンマーク系学校要求の正当性を十分に認めるが，デンマーク語もままならずに「国境修正」だけを求める俄か「デンマーク人」とは区別したということであろう。このような見解は，州政府代表に共通していた。

(3) II-①. 第2回本会談（1949.5.4）

「キール会談」第2回本会談の1日前に州政府の宣言案（ドイツ側対案）がSSVに届けられた。州政府側はここで確実に攻勢に転じた。（この第2回本会談の内容は，資料で確かめられなかったので，ヘフケンの研究からポイントだけ引用する）

---

[5] Buchholz, S. 40.

・少数者の側は，第1回専門家会談で，少数者要求が多くの点で削除ないし変更されたことへの不満を述べた。そして少数者の不利益問題を裁く「仲裁裁判所」を提起した。これは，州政府にとっては予期せぬものだった。
・「ドイツ側対案」をもった州政府の側は，これを提示して少数者の側の要求を切り崩していった。ボン基本法が可決直前であり，宣言がこれと競合することを避け，次の専門家会談は基本法可決後にもつこととした。
・少数者の側は，ドイツ側対案の前文にデンマークへの期待が書かれていることに反発した。州政府の側は，それを無視した。また，少数者学校の細かい問題はキール会談の中では扱わず，それと分離して扱うこととした[6]。

その後，1949年5月23日，「ボン基本法」可決。少数者は，この間，問題を国際世論に訴えていった。

(4) Ⅱ-②. 第2回専門家会談（1949.5.16-17）

「キール会談」の帰趨を決したのが第2回専門家会談（1949.5.16-17）だと言ってよいだろう。そこで，この専門家会談の前後から触れてみることにしよう。

州政府は，その直前の5月15日（日）・16日（月）と，2日間にわたる閣議を開いて，避難民問題・シュレスヴィヒ問題を集中審議している。議事録から。

---

[6] Vgl. Höffken, S. 114-117.

閣議議事録[7]

(1949年5月15日（日）・16日（月），［場所記載なし］)

開始15:15，終了20:10
出席者
 1. 州首相　リューデマン（議長）　　7. 主席州長官　Dr. ミュトリング
 2. 州大臣　ディークマン　　　　　　8. 州長官　　Dr. ラウリッツェン
 3. 〃　　　ケーバー　　　　　　　　9. 〃　　　　ヴァルテマン（-18:30）
 4. 〃　　　Prof. Dr. プレッラー　 10. シュレスヴィヒ全権委員　ニュダール
 5. 〃　　　ダム　　　　　　　　　 11. 報告官　ワグナー（報道室長）
 6. 〃　　　Dr. カッツ　　　　　　 12. 報告官　ヴォルタース（書記）

8. 避難民再移住

州大臣ダムの報告：

　統一経済地区行政のもと，1949年4月12日の会議において，3ヵ国占領地域の州代表が，29,000人の労働力とその家族のフランス占領諸州への再移住協定に合意した。

　シュレスヴィヒ・ホルシュタインは，何よりも，住民分散要求を専ら受入諸州の専門労働者不足解消と結びつけることには批判を行なっていくべきである。なぜなら，再移住行動においては，他州のことも考慮する必要があるのだが，そのことが全く欠けているからである。

　1949年4月27日の3ヵ国占領諸州の避難民行政代表，大蔵大臣代表者会合において，避難民再移住の財政的側面の決定に至ることはできなかった。なぜなら，代表者たちは，この問題に権限がなかったからである。

　州政府は，フランス占領地域各州と個別協議を行ない，ヴュルテムベルク・バーデン，ヴュルテムベルク・ホーエンツォレルンとは協定締結直前までいっている。

　ラインラント・プファルツも，同様の協定をシュレスヴィヒ・ホルシュタインと締結することを希望している。

　シュレスヴィヒ・ホルシュタインの再移住準備は，締結直前状況である。

　これの実現は，［第一に，］移送機関の設立と移送実施の費用（378万DM）が調達できるかどうか，［第二に，］英米占領州とフランス占領州が，シュレスヴィヒ・ホルシュタインの要求した変更点を伴う枠組み合意，フランス占領諸州

---

[7] 閣議議事録（1949. 5.15-16）LAS 605 Prot. Nr. 2, S. 165-166.

の財政請求規則とに有する権限［問題を解決できるかどうか］に懸かっている。
10. 国境州問題
　国境地方の状況を簡単に説明しながら，州長官ニュダールが，デンマーク人少数者の活動が強力になってきていると報告した。これには，デンマーク国からの財政支援が大きいと思われる。シュレスヴィヒ・ホルシュタインの日刊紙が――『フレンスブルク日報』を例外として――，国境地方の経過を十分に報じていないのは残念なことである，と。
　デンマーク人の豊富な資力に対して，シュレスヴィヒ・ホルシュタインは，ほとんど対抗できるものがない。加うるに，大蔵省がすでに合意した金額も，いまだ出費されてはいない。
　キール，リューベック，レンズブルクの劇場は引き続き稼働しているが，他方，シュレスヴィヒの劇場は閉鎖せざるを得ない。なぜなら，必要な1万DMの補助金が大蔵省から支払われていないからである。
　全権委員［ニュダール］は，1自由基金を提案し，これを音楽，スポーツならびに他の団体の支援に使いたいと述べた。予算は2万DMを予定しており，それ以上には無理であろう，と。
　州大臣ディークマンの提案で，議論は大蔵大臣の出席のもとで継続することとした。
　次回の閣議日程においては「国境州問題」を優先的議題とすることとした。

　避難民のドイツ再移住が，ようやく進捗しだした。最も避難民比率の少ないフランス占領地区への労働力再移住である。これが後のドイツ経済復興の原動力となるのだった。
　国境州（Grenzland…シュレスヴィヒのこと）問題で，ニュダールが，現在のシュレスヴィヒ情勢を述べている（このとき議事録出席者名には「シュレスヴィヒ全権委員ニュダール」と記されているが，本文においては「州長官ニュダール」である）。
　① 少数者の活動が活発であり，これにはデンマーク国からの資金援助が大きい。
　② 州は大蔵省で合意した補助金を出費していず，シュレスヴィヒの劇場は閉鎖に至らざるを得ない。

③ これに対してニュダールは文化・スポーツ基金を提唱したが，次回以降に継続審議となった。

そして，第2回専門家会談後に，少数者問題が2回閣議で扱われている。まず1回目の閣議。

閣 議 議 事 録[8]

（1949年6月16日（木），州庁）

開始17:20，終了22:30
出席者
 1. 代理首相　ディークマン（議長）　6. 主席州長官　Dr. ミュトリング
 2. 州大臣　ケーバー　　　　　　　　7. 州長官　　　Dr. ラウリッツェン
 3. 〃　　　Dr. シェンク　　　　　　8. 〃　　　　　ニュダール
 4. 〃　　　Prof. Dr. プレッラー　　9. ワグナー氏（報道室長）
 5. 〃　　　Dr. カッツ　　　　　　　10. 報告官　　　ヴォルタース（書記）

16. 雑件
f) シュレスヴィヒ専門家交渉
　州長官Dr. ラウリッツェンが，1949年5月1日に閣議決定した草案が，［少数者との］交渉対象であった，として以下のように報告した。
　デンマーク人たちは，新たな草案を提出した。
　しかし，交渉の中で，州政府の決定したもの［ドイツ側対案］が交渉の基礎として役立つ，との了解に至った。
　助言委員会を創設することを検討することとした。
　交渉は明日も引き続き行なわれる。
　交渉が終わったのち，占領軍政府との了解の下に，交渉結果について報道発表することになっている。

第2回目の閣議は次のようである。

---

[8] 閣議議事録（1949. 6. 16）LAS 605 Prot. Nr. 2, S. 175.

閣 議 議 事 録[9]

（1949年6月21日（火），州庁）

開始10:00，終了17:30

出席者
1. 代理首相　ディークマン（議長）
2. 州大臣　　ケーバー
3. 〃　　　Dr. シェンク
4. 〃　　　Prof. Dr. プレッラー
5. 〃　　　Dr. カッツ
6. 主席州長官　Dr. ミュトリング
7. 州長官　　　Dr. ラウリッツェン
8. 〃　　　　　ニュダール
9. ワグナー氏　（報道室長）
10. 報告官　　　ヴォルタース（書記）

5. デンマーク系少数者との交渉

州長官Dr. ラウリッツェンが，閣議で配られた閣議資料No. 102/49の内容を説明した。州政府の宣言は，変更点を含めて基本的に決定された。文言の精査は，法務大臣が州長官Dr. ラウリッツェンと協同して取り組むことになっている。

「州政府の宣言は，変更点を含めて基本的に決定」されるのである［その後，この宣言案は，第3回本会談で再度修正をされる——後述］。州政府対案は，少数者の要求を一定程度含みこんでいたので，実質的にそれまでの少数者提案に取って代わり第2回専門家会談の基本検討素材となったのだった。そして，少数者の文化的市民的権利を州政府の「一方的宣言」で発表するということで，少数者の当初の要求であった「法律」化構想を押し戻してしまったわけである。

　そこでこの第2回専門家会談に関し，まず，チェトウィンドの公式報告書から見てみよう。

---

[9] 閣議議事録（1949. 6. 16）LAS 605 Prot. Nr. 2, S. 177.

第2回　専門家会談報告書［公式］[10]

（1949年6月22日，議長チェトウィンドによる英総督への報告書（独文））

312 HQ CCG キール

キール　37350
23719/2/Gov

1949年6月22日

シュレスヴィヒ・ホルシュタイン総督　殿

謹啓
　ここに謹んでご報告いたします。閣下が議長をなさった1949年5月4日の，州政府代表と南シュレスヴィヒ協会との間の第2回本会談において召集されました専門家会談は，［1949年］6月16日および17日に開催され，第1回専門家会談における検討後の南シュレスヴィヒ協会のメモと州政府の宣言草案——これは5月4日の本会談の席上，閣下に手渡してあるものです——につき，詳細な検討を行ないました。
　この会談におきましては，すでに先回の専門家会談を支配しておりました進んで協力しようとの気持ち，ならびに融和の空気が断固として保持されておりました。
　私が議長を務め，出席者は以下の通りでありました。

　　州政府側
　　　州長官　　ニュダール
　　　州長官　　ラウリッツェン
　　　行政長官　ヴォルミット
　　　行政官　　リートドルフ
　　南シュレスヴィヒ協会代表
　　　ミュンホウ　氏
　　　クラウゼン　氏
　　　クリステンセン　氏
　　　イェッセン　氏
　　　フィッシャー　氏
　　　ティーゲゼン　氏
　　同席者

---

[10] LAS Abt. 605 Nr. 392, S. 69-70.

代理人 Col. H. M. ルンディング
M. マッキントッシュ　氏
R. V. マッキーヴァー氏（6月16日）
F. コーリー　氏

　南シュレスヴィヒ協会の検討されたメモランダムと，州政府の宣言草案が検討の対象で，これには検討の基礎として，6月8日に閣下に送られました州政府と南シュレスヴィヒ協会との間で何らかの協定を結ぶに際して基本法の効果に関する州首相の書簡が置かれました。そうして，専門家会談の開会前にこの書簡の内容が代理人［Lt.］Col ルンディングと南シュレスヴィヒ協会に知らしめられました。

　合意の本質部分は，少数者の文化的市民的権利の保障のために一定の基本原則を新たに定式化するということで達成されました。この基本原則は，州政府の側の宣言の核心となるでありましょうし，もしくは他の何らかの別の文書に記されて，少数者の権利を持続的基礎の上に構築することとなるでしょう。この根本原則の最終的テキストは，州政府代表と南シュレスヴィヒ協会代表各1名から成る下部委員会に託されました。私の知る限り，［先に］私が運営した会談で一致したテキストとほんの僅かしか変更はないようです。しかし，これらの諸点，ならびに以下に言及した事項に関する州政府内務省と法務省の間のさらなる会談が，南シュレスヴィヒ協会の助言の下に開かれました。

　次の4点は6月29日の本会談での決定に委ねられるべきものです。それは次のものです。

a) 英語で「デンマークの心を持った少数者」（Dänish minded minority）として知られる語を，どう表わすか，という表現上の問題
b) 基本原則で示されている地域名は，「シュレスヴィヒ・ホルシュタイン」（州政府側の意見）か，「南シュレスヴィヒ」（少数者代表の意見）とすべきか
c) 合意した基本原則の実現方法に関する南シュレスヴィヒ協会の提案
d) **南シュレスヴィヒ助言委員会の立案した提案**

6月17日に合意しました根本原則草案は，（資料A）として同封します。

　会談の終わりに合意いたしましたことは，公式告知は簡単な報道に限定すべきだということ，各事項は引き続き検討すべきだということ，そして［専門家］委員会の報告を閣下の委員会にお送りして，できれば6月末以前にもう一度閣下

第8章 キール会談　159

の委員会［本会談］を開いていただく，ということです。
　　　　　　　　　　　　　　　　　　　　署名
　　　　　　　　　　　　　　　　　　　　チェトウィンド

　「合意の本質部分は，少数者の文化的市民的権利の保障のために一定の基本原則を新たに定式化するということで達成されました。この基本原則は，州政府の側の宣言の核心となるでありましょう」——州政府の宣言案に，少数者の要求は，（自由告白主義を含めて）基本的に反映されたのである。
　次に，ドイツ側の非公式報告書（閣議資料No. 102/49）を見てみよう。

第2回　専門家会談ドイツ側報告書［非公式］[11]
（1949年6月20日，ケーバー大臣による報告書）

　　　　　　　　　　　　　　　　　　　　　キール，1949年6月20日
シュレスヴィヒ・ホルシュタイン
内務省
-Ⅰ/13-
　　　　　　　　　　　　　　　　　　　　閣議資料　102/49

　　　　　　　主題：デンマーク系少数者との会談
　　　　　　　関連：閣議資料

　英国占領軍政府代表の運営の下に開かれましたデンマーク系少数者との会談の経過につきましては，先回の，本年6月16日閣議において報告されています。専門家委員会の協議は，1949年6月17日も継続され，暫定的な結論に至りました。この協議の結果は，資料として付しました草案の中にまとめられています。本草案につきましては，すべての点に一致が見出されたわけではありませんが，これが，総督が議長をされる最後の会談において最終的に議論されることになっています。最終本会談は，暫定的に1949年6月29日が考えられています。
　以下の諸点につきましては，デンマーク系少数者代表との間で合意に至るこ

---

[11] LAS Abt. 605 Nr. 392, S. 54-59.

とはできませんでした。内閣での審理と決定が必要かと存じます。

1. 序文の最終的表現

　ドイツ側代表とデンマーク系少数者代表との間で，**序文の表現は州政府の事項であるということは合意されました**。しかしながら，いずれにしても，デンマーク系代表者は「デンマーク政府が，北シュレスヴィヒにおけるドイツ系少数者にこれと同一の権利と自由を認めかつ保証するであろうとの期待」の表現は削除，ないしは弱めるようにということを重要視しました。

　とはいえ，彼らは個別事項に関しましては，もはや合意の係争点とはみなしておりません。ドイツ側にとりましては，上記のこの表現は絶対に譲ることはできないでしょう。そのためには，すでに先回の諸州首相会談で発した声明「本件協定については，実現条件が問題なのではない」を引き合いに出してよいと思います。

2. 合意をどのような形で公表したらよいか

　SSVは法的規則にするということに価値を置いておりますが，**州政府の側からは，一方的な宣言にするということをこれまで十分に考えてまいりました**。もし宣言という道が選択されるとしたなら，この宣言を法律規程集で公表するのか，官報に告示するのかが決定的に重要となります。法律規程集ならば，官報よりもより重い価値が付与されるという利点があるでしょう。

3. 「デンマーク心の住民部分」との表現について

　SSVは「デンマーク系民族グループ」という表現に価値を置いており，ドイツ側は「デンマーク系少数者」という表現を適切としています。この点につきまして「デンマーク心の住民部分」という表現を採用することで，この論争点を回避することを検討してみることができるのではないでしょうか。

4. 学校条項（草案の第7条）

　州政府の草案によりますと，私立学校の設立は自由であるとなっています。デンマーク系少数者代表は，諸学校の設立に関し，これには就学義務年齢を超える場合においても自由たること，との定式化を要求しました。これに対しましては，根本的な懸念が生じてまいります。なんとなれば，こうすると未解決の学校問題に対する仮決定に当たるからです。かつての州政府の文言を保持することを提案いたします。

5. SSV全権委員の選任ならびに作業委員会の設置について

本ポストの設置はSSV提案によるものです。**これにつきドイツ側専門委員は，何らの責任ある表明も行ないませんでした。**

特別の作業委員会の設置につきましては，すでに先回の閣議で審議されております。

本年5月1日の閣議決定に対しまして，同封の草案には，SSVの希望で暫定的に容れられました追加の諸規定が盛ってあります。それらは4，5，6，9，12，13の各項に関わるものです。

（署名）
ケーバー州大臣

公証済
（署名）
シュレスヴィヒ公務員

閣議資料・宣言案

［1949年6月21日（火）閣議承認］

内閣議案への資料
102／49

[前　文]

シュレスヴィヒ・ホルシュタイン政府は，
　デンマーク民族との良好な近隣関係を招来するという希望，
　デンマーク系少数者にシュレスヴィヒ・ホルシュタインにおける正当な利益を保証するという希望，ならびに
　デンマーク系少数者にドイツ住民との平和的共住生活を保障するという希望，に満たされて，
　シュレスヴィヒ・ホルシュタイン州議会の承認，ならびに
　デンマーク政府が北シュレスヴィヒにおけるドイツ系少数者にこれと同一の権利と自由を認め，かつ保証するであろうとの希望を抱いて，
次のごとく宣言する。

I.

1. 1949年5月8日のドイツ連邦共和国基本法は，すべての人に，したがってこれと共に，デンマーク心の住民部分[(1)] に属するすべての人にもまた，彼らの使用する言語を顧慮することなく，以下の権利を認めるものである。すなわち，

> (1) 最終名称は今なお未定である。以下の表現のうちから決定されることになっている。「デンマーク系少数者」(dänische Minderheit)，「デンマーク系民族グループ」(dänische Volksgruppe)，「デンマーク心の住民部分」(dänisch gesinnter Bevölkerungsteil)。ひょっとすると「南シュレスヴィヒの」ないしは「シュレスヴィヒ・ホルシュタインの」を特に補足するかもしれない。

a) すべての人の人格の自由な発展の権利，ならびに人格的自由の不可侵性（［ボン基本法］第2条）
b) あらゆる人間の法の前での平等（第3条1項）
c) 何者かが，その血統，言語，出生，または政治的見解により，不利益を受け，または厚遇されることの禁止（第3条3項）
d) 信仰と良心の自由（第4条）
e) 自由な意見表明権，ならびに報道の自由権（第5条）
f) 集会の自由，結社の自由（第8条，第9条）
g) 職業ならびに職場を自由に選択する権利（第12条）
h) 住居の不可侵（第13条）
i) 政党の自由な設立（第21条1項）
k) すべてのドイツ国家所属者 (jeder deutsche Staatsangehörige) のあらゆる公務員就職に際して，適正，能力，業績のみに基づく平等な採用（第33条2項）
l) 普通，直接，平等，自由，秘密の選挙権（第38条）
これは州ならびに自治体選挙においても当てはまる。
m) すべての人が，公権力によって彼の権利が侵害されたとき，裁判所の保護を求める権利（第19条4項）
したがって何人もデンマーク心の住民部分[(1)] 所属のゆえに不利益を蒙り，または厚遇されてはならないのである。

2. **デンマーク民族であること，ならびにデンマーク文化の告白は自由である。それが役所の側から問題にされたり，審査されてはならない。**
3. デンマーク心の住民部分[(1)] とその組織，および成員が，会話，書簡，ないしは印刷物で希望する言語を使用することを妨げてはならない。裁判所なら

びに行政官庁のもとでデンマーク語を使用する権利は，一般的法律に従って規定されるものとする。
 4. 州政府は，選出されたデンマーク心の住民部分[1]代表が，市町村，役所，郡，州ならびにその委員会の中で，適切な方法で協力を要請されることを望ましいことだと考える。
 5. ラジオ放送が，他の政治，文化団体と同様に，デンマーク心の住民部分[1]にアクセスされることを州政府は望ましいことだと考える。
 6. 公的告示をデンマーク心の住民部分[1]の新聞に知らせずに置くことは許されない。
 7. デンマーク語を授業言語とする幼稚園ならびに諸学校——かつまた，それらが就学義務年限を超える場合においても——は，原則として自由[2]設立できるものとする。詳細は法律ならびに規則に定めるものとする。

> [2] 2つの語のいずれを選ぶべきか，最終決定はなお定まっていない。

　デンマーク語を授業言語とする諸学校においては，ドイツ語の十分な授業が行なわれるべきものとする。
　　親，教育権者が，その子どもを，デンマーク語を授業言語とする学校に通わせるかどうかは，自由に決定できるものとする。
 8. 公的サービスに従事する公務員，被傭者，労働者の採用，昇進，異動，退職に当たっては，デンマーク心の者とドイツ心の者との間に，いかなる差別も行なってはならない。
　　ドイツ人団体に属することを望むかデンマーク人団体に属することを望むか，また，子どもたちを，ドイツ語を授業言語とする学校に通学させるかデンマーク語を授業言語とする学校に通学させるかを，彼らは，自由に決定できるものとする。
　　このことは，文化分野で特別な責任をもっている公的サービスに従事する公務員，ならびに被用者には適用されないものとする。
 9. 公的資金からの補助金ならびにその他の給付を行なうにあたっては——それらについては，自由な評価によって行なわれる——，デンマーク心の住民部分の帰属が，かかるものとして配慮されることはない。
 10. デンマーク人聖職者ならびに教会共同体は，管轄の教会ないしは教会共同体当局との事前の合意に基づいて，州内，当地の多様な言語を自由に使用して，教会，墓地，および似たような施設を使用することができるものとする。
 11. デンマークとの宗教的，文化的，および専門的な結び付きを育成するというデンマーク心の住民部分の特別な関心は認められる。
 12. 宗教的，文化的，もしくは専門的な助言者として活動することの承認を州

政府から受けたデンマーク国家所属者（例えば聖職者，教師，農業助言者等）が，彼らの任地の自治体における移住許可発行，ならびに住居割当に際して，同職の他の所属者［ドイツ人］と比べて不利益を被ることは許されない。彼らは政治活動を行なってはならない。
13. 上記の諸項で，デンマーク心の住民部分のために述べた基本原則は，デンマーク心のフリースランド人にも適用されるものとする。
14. もし，以上の諸規定が州の権限を超えた場合，州政府は，権限を有する各所において承認と実行のために尽力がなされるよう努力するつもりである。

II

15. 州政府は，デンマーク心の住民部分の提案に基づき，自らの費用で，1名の全権委員と1名の女性秘書から成る公式事務所を設立する。本事務所の課題は，デンマーク心の住民部分所属者の提案，苦情，ならびにその他の申し立てに対応し，シュレスヴィヒ全権委員，ないし当地の権限を有する当局に説明することである。

　同じようにして，シュレスヴィヒ全権委員は，デンマーク心の住民部分であるが故に不利益を被っている事件を協議するものとする。

　詳細は服務規程に定めるものとする。

16. このような方法で解決しない事項は，シュレスヴィヒ全権委員，ないしデンマーク心の住民部分全権委員が作業委員会に報告するものとする。

　作業委員会は，ドイツ人ならびにデンマーク心の住民部分各3名から構成される。議長は委員会の中で，ドイツ人ならびにデンマーク心の住民部分委員の間で半年ごとに交代するものとする。作業委員会の所見は州政府に送って最終的決定を待つものとする。

　これによって自治団体の方策を指示することができるならば，州政府は，その権限の枠内で必要な対応を指示するものとする。この争いにおいては，提訴の道も抵触するものではない。

　詳細は服務規程に定めるものとする。

　チェトウィンドの報告書は，専門家会談の結果を簡潔に表現していたが，ケーバー大臣（内務大臣）の報告書は交渉時の州政府の本音をよく物語っている（ちなみに，ケーバー大臣は，「キール会談」第2回専門家会談には出席していない）。いずれにしても，これが，1955年9月26日，「キール宣言」として発表される宣言文の基本部分となるのであった。デンマーク人であることの「自

由表明主義（自由告白主義）」を，それまでの「客観基準」にとって代えるという大転換は，これによって確立されるのである。

　合意に達しなかった内容の表現が，チェトウィンド報告とケーバー報告とで異なる。次回本会談で決すべき内容は，チェトウィンドによれば次の4点である。

　a) 英語で「デンマークの心をもった少数者」（Dänish minded minority）として知られる語を，どう表わすかという表現上の問題
　b) 基本原則で示されている地域名は，「シュレスヴィヒ・ホルシュタイン」（州政府側の意見）か，「南シュレスヴィヒ」（少数者代表の意見）とすべきか
　c) 合意した基本原則の実現方法に関する南シュレスヴィヒ協会の提案
　d) 南シュレスヴィヒ助言委員会の立案した提案

それに対して，ケーバーは次の5点を挙げている。
1. 序文の最終的表現
2. 合意をどのような形で公表したらよいか
3. 「デンマーク心の住民部分」との表現について
4. 学校条項（草案の第7条）
5. SSV全権委員の選任ならびに作業委員会の設置について

　これと関わって，ケーバー報告には，いくつかの舞台裏のドイツ側の「本音」がうかがえる。私は，それを次の諸点に見るのである。
　① ドイツ側は，「前文」におけるデンマークへの「期待」の文言を死守した　——少数者の側の，削除ないしは弱めよ，との要求にもかかわらず——
　② 少数者の「初等後学校」（中等，職業学校）設立の自由には否定的である
　③ また，デンマーク系少数者の権利侵害に対する委員会の設置は検討しているが，委員ポスト新設には否定的である

　これらについてはその後，①，③は次回本会談でも貫かれ，②は逆に実現に向かったのである。（③は苦情処理委員会の設置のみ。委員ポストは新設せず

「書記」を少数者から登用するとの妥協策)。

(5) Ⅲ. 第3回本会談 (1949.7.7)

　最終の第3回本会談は1949年7月7日に，すなわち本会談としては，「ボン基本法」が可決され（1949年5月23日），「西ドイツ」が発足してから開かれた。この第3回本会談は，先の第2回専門家会談で合意に至らず，最終トップ会談に委ねられていた懸案を解決し，宣言内容を最終的に確定するために開催された。その意味で，少数者と州政府との交渉の最後をなす重要な会談だったのである。ここにおいて，少数者が要求する初等後学校（私立）設立の自由，また，苦情処理委員会の設置が認められたのであった。

　第3回本会談に関しては，議論内容にわたる詳細な報告書が残されている。そこには，第2回専門家会談での意見の違いが，最終的には相互理解と妥協とによって解決していった様子がよくうかがえる。報告書によってこの事実を押さえたいと思う。なお，州政府は，宣言案をケーバー大臣まとめの基本線で6月21日（火）に閣議決定。しかしその後，二部構成の宣言案を最終の「キール宣言」の形式に近い三部構成に整え，文言も若干修正して（少数者にも送付して），第3回本会談に臨んだ（案文は省略）。第3回本会談の議論は，この再修正した宣言案を基に行なわれた。

第Ⅲ回　本会談報告書[12]（1949年7月12日，マッキントシュ）

[マッキントシュの報告書]

秘　密

312 HQ CCG キール
1949年7月12日

キール　37355

---

[12] LAS Abt. 605 Nr. 392, S. 131-133.

23719/2/Gov

シュレスヴィヒ・ホルシュタイン州首相殿

主題： 州政府とSSVとの会談について

　同封，1949年7月7日，［英国占領軍］シュレスヴィヒ・ホルシュタイン総督の議長の下に開催された，州政府代表とSSV代表との第3回本会談議事録，英文。
　議事録に添付したのは，州政府が州議会に検討と承認を上程する宣言文の，合意された英文，独文による各正本である。

署名
M. マッキントッシュ

秘　密

［1949年］7月7日，州政府代表とSSV代表の間で開催された，州政府より提出されたシュレスヴィヒ・ホルシュタインにおけるデンマーク心の少数者の市民的権利保障に関する宣言草案の検討を目的とした会談の議事録。

　　　参加者：
　　　　総督　　　　議長として　［アズブリー］
　　　　州大臣　　　ディークマン
　　　　州大臣　　　ケーバー
　　　　州大臣　　　Dr. ラウリッツェン
　　　　州長官　　ニュダール
　　　　　　　　　　ボイ・アンデルセン氏
　　　　　　　　　　ミュンホウ氏
　　　　　　　　　　クラウゼン氏
　　　　　　　　　　クリステンセン氏
　　　　　　　　　　ティーゲゼン氏
　　オブザーバー：
　　　　代理人，中佐　H. M. ルンディング
　　　　准将　　　　　P. H. ド・ハヴィランド

子爵　　　　チェトウィンド
　　　　　　　　マードック・マッキントッシュ氏
　総督は参加者に挨拶し，専門家委員会によって本質的な部分が合意に至っているという満足すべき進展につき，双方に祝詞を述べた。
　総督は，議論すべき点は今やごく2，3の箇所までに達したようなので本官はこの場にそれを提起した；それらはすべて，双方に明らかになっているところと思うが，それらを順に議論してほしい，と述べた。
　やがて議事日程に従って会談が進行した。

1.「英語で，《デンマークの心を持った少数者》（Dänish minded minority）が意味するものの正確な用語法」
　SSVは，「少数者」（Minderheit）という語に代わって，例えば「デンマーク系民族グループ」（dänische Volksgruppe）のような表現が好ましいと述べた。
　それは，今日「少数者」の語は，近年の［ナチ時代の］歴史展開の結果を認める忌まわしい意味を持っているからである；また，この語には，少数者の側に，南シュレスヴィヒの共住住民の中で実際に自分たちが数的に少数者であることへの反発がある；その理由によるものである，と。
　次に，州政府は，答えの中で「民族グループ」の語は，ナチ体制を通して使われていた用語法を意味すると指摘した上で，法文書の中ではデンマーク心の住民は——たとえ日常の用語法でいかなる表現をとっていようと——提案のような表現で記されるべきであり，それはいささかも誤解を容れるものではない，と提案した。この理由により，「少数者」の語を用いたのである，と。
　長い討論が行なわれ，その中では各種の別の語，ないし表現が提案されたが，その後に，宣言の序文においてはデンマーク心の住民を「デンマーク系少数者（デンマーク心の住民）」（dänische Minderheit（dänisch gesonnene Bevölkerung））と表現する；しかし文書自体の中では「デンマーク心の住民」（dänisch gesonnene Bevölkerung）という表現を用いることで一致した。
2.「宣言草案第Ⅱ節2条の学校条項の適用範囲」
　SSVから，「一般教育諸学校」の表現は，卒業年齢を超え，農業，家政または手工業，ならびにその他の職業教育に服しているすべての者のための専門学校ないし職業学校を含むものかどうかとの質問があった。
　州政府の側からは，学校の言語使用を問題とする際，一般教育目的の学校と専門・職業学校の間の相違に即して述べたわけではなかった；しかし，SSVが専門学校を含めることを重視しているのであれば，この点を検討することは決してやぶさかではない，との説明がなされた。

さらに議論がなされたのち,「職業教育のための学校も」の語を加えることで合意した。
　また,「ドイツ語が十分に教えられなければならない」の文章の中の「ならない」(shall <muss>) の語を「ものとする」(is to be <ist zu>) に変更することも合意した。

3.「第Ⅱ節4条で用いられている≪責任の地位にある公務員≫の用語法」
　SSVは,この条項は専門委員会においては「文化分野で特別な責任をもっている公務員」に限定するということで合意している,と指摘した。
　しかしながら,新しい文言は「特に文化分野で」の但し書きはあるものの「責任の地位にある公務員」のみである。これは限定をきわめて拡大するものである,と述べた。そして州政府に,この問題をいま一度検討し直すよう求めた。
　若干の討論ののち,総督から,基本法には宣言草案の第Ⅰ節k項にあったと同様のもの,つまり,公務員就職に際してはすべての者に平等の就職機会が与えられるということが盛られているであろう,との指摘があった。
　その後州政府から,この限定を完全に削除するとの受入がなされた。
　SSVは第Ⅱ節4条後半の文言を明確にするよう求めた。
　州政府は,本条の文言では誤解を与えるかも知れないと述べ,次のような表現とすべきだとの提案を受け入れた。すなわち,「彼らはデンマーク心の住民組織に所属するか,または他の組織に所属したいと欲するかを,自由に決定できる」と。

4.「第Ⅱ節8条の≪個人≫の文言」
　SSVは,公的資金からの金の受領者を表わすのに,この場合「個人」の表現を使用しているが,これでは公的基金を法人に与える可能性——例えば青少年ないしは文化団体——を阻んでいるように思われる,と指摘した。
　州政府は,本条は本来,公的補助ならびにそれと似たような支援を受け取る個人に適用されるものであったと述べた。しかし,この条項は,現在は「ならびに他の出金」の語を内容的に含みもつのであるから,「個人」の語の削除に異議はない,と述べた。
　これによって合意が得られた。

5.「フリースランド人とフリースランド語の保障条項」
　SSVの側から,SSVならびに本会談参加のSSV代表はシュレスヴィヒ・ホルシュタインにおけるデンマーク心のフリースランド人の利益も認めるものである；この意味で,宣言はデンマーク心のフリースランド人へも適用する旨の言及があるのが望ましいと考える,との指摘があった。専門家会談で合意した宣言草案の中に,このような言及は含まれていたのである,と。

州政府は，宣言はすべてのデンマーク心の人々に関係するものであり，したがって，デンマーク心のフリースランド人の利益はすでに保証されるはずである，との考えを示した。

宣言にフリースランド人のことを載せるかどうか，さらにまた，フリースランド人全体とデンマーク心のフリースランド人との違いを区別することの必然性をめぐって，議論が展開された。

最終的に，宣言草案には［フリースランド人の］保全条項を入れるべきこと，州政府はこの要請を充足する文言を起草すべきことで合意がなされた。

6.「第Ⅱ節で述べられている全権委員もしくは書記の任命について」

SSVの側から，自分たちはデンマーク心の住民の提案・苦情等を検討しこれに取り組む委員会の設置を重視しているのである，とその意義が述べられた。専門家委員会ではこの提起を詳細に議論し，州政府によって承認されるならばという留保付きながら，この種の委員会を設置しなくてはならぬこと，その際，専任官吏として委員会ならびに自治体，ないしは州政府の職場の間から，1名の全権委員をもってこの任に充てることに合意している；この，以前の合意が，いま死文のごとく変わり，単に1名の書記を委員会のために任命するというが，これでは，先に考えていたような委員会からの独立が全くもって備わっていないではないか，と。

若干の討論ののちに，SSVの書記を［この委員会の］書記に任命することを前提として，宣言には，書記はデンマーク心の住民の推薦ならびに委員会多数の承認ののちに州政府が任命し，賃金を支払うべきことで合意が成った。

以上をもって本会談の議事日程は終了した。

その後，SSVから，第1条i項の文言は，基本法第21条により政党を設立し活動をし得るよう，誤解の生じないようにすべきであるとの指摘がなされた。SSVからは，現在の文言では十分に明確でないと考えられるとのことであった。

州政府は，SSVの提起した新しい文言に同意した。

SSVの提案により，第Ⅱ節2条ならびに7条の文言の「希望する言語」を，「デンマーク語」と称することにも合意がなされた。

SSVからの質問に対して州政府は，シュレスヴィヒ・ホルシュタイン州議会で承認されたすべての公的宣言は，州の官報に掲載されると説明した。

―――――――

7月8日にSSV代表と州政府代表で会合をもち，7月7日の本会談で承認された宣言のすべての変更点を吟味し，宣言にふさわしく新たに整えることとした。

> 　州政府は，将来いつの日かデンマーク心のフリースランド人が，今のところ[宣言]第Ⅲ節で予想しているような第2番目の委員会を作って彼らの利益を保障する可能性を準備すべく，第Ⅱ節ならびに第Ⅳ節を変更することが得策かどうか，考慮してみることとした。

　報告書が明瞭に述べているように，第3回本会談において，第2回専門家会談の懸案はむしろ前進的に解決した。個々の記述は，第2回専門家会談の懸案事項に関するチェトウィンドまとめ（4項目）とも，また，ケーバーまとめ（5項目）とも異なって6項目にわたっている。それらのうち以下の3点について若干敷衍する。

① 「少数者」の表現
　宣言の序文においては少数者を「デンマーク系少数者（デンマーク心の住民）」(dänische Minderheit (dänisch gesonnene Bevölkerung))と表現し，本文においては「デンマーク心の住民」(dänisch gesonnene Bevölkerung)と表現することになった。
　少数者は，「実際に自分たちが数的に少数者であることへの反発」があって「デンマーク系民族グループ」(dänische Volksgruppe)との表現を提言したのであるが，ヘフケンは，少数者代表はこの語を「南シュレスヴィヒ運動の言語的・国民的非同質性に基づいて選択した」（フェッダーセンによる）のであろうとし，そのことは，SSV指導部自身がSSVの一部メンバーの「純粋性」に疑念をもっていた可能性があると注記している[13]。このことは，先のニュダールの「デンマーク語やデンマーク文化を心底領有しようとする気持ちがなく，ただ，デンマークへの帰属を望み，ドイツが凋落するような方向だけを求めるドイツの国境住民」の件(くだり)を想起するのである。

---

[13] Höffken, S. 131.

残念ながら、私は今、フェッダーセンの指摘を検証するすべはない。しかし、かつて1864年、ドイツ・デンマーク戦争の年のプロイセン言語統計によると、プロイセンでデンマーク語を話す割合は全体の僅か0.6％であった（そのほか、ポーランド語割合が10％）[14]。圧倒的なドイツ語優位の、否、強力なドイツ語同化政策（ナチス時代の1939年5月に行なわれた「国勢調査」では、住民の母語・信条の調査が厳格に行なわれた[15]）の中で、デンマーク系少数者が、次第にデンマーク語・デンマーク文化から離れていったという事情は見ておく必要があると考えている。

② 初等学校後の専門学校ないし職業学校設立の自由

少数者は、かつてフレンスブルクに少数者のための実科学校を設立し（1920年）、それをデュブルク城（Schloss Duburg）に移転し、維持してきた[16]。このような歴史に照らし、彼らは、一般教育学校以外に職業準備のための初等後の学校を要求してきたのである。先に述べたごとく、地方で一段階高い職業資格を得るためには、初等後の教育が必要であった。州政府は、そのような事情を理解したものと考えられるのである。

③ 苦情処理委員会

最終的に「SSVの書記を［この委員会の］書記に任命することを前提として、宣言には、書記はデンマーク心の住民の推薦ならびに委員会多数の承認ののちに州政府が任命し、賃金を支払う」という形で合意が成った。第1回専門家会談で、ミュンホウは、1920年代から田舎に差し向けられる官吏、労働者の多くがデンマーク心の住民だったこと、そして今日避難民問題が事態をさらに一層困難にしている、と述べたことが想起される。実際、南シュレスヴィヒ

---

[14] Petersen, S. 67.
[15] Fink, S. 296-297.
[16] A. a. O., S. 217.

でデンマーク系少数者を差別待遇しているとの不満は後を絶たなかった。

ここでは詳しく触れないが，避難民や東方追放者は多くが都会人でありエリートである。そのような人々が，キール州政府の方針でデンマーク系少数者よりも良いポストに就職していることは，実際にあったのである。「南シュレスヴィヒ分離要求書」の文言を引いてみよう。

> 「…この「州」政府の行動様式は，数千人に上る数の避難民と他の異郷人を公務員に新採用しているという点に何よりも明瞭である。新任された官吏の最大数は国家のポストであり，それらは避難民なのである。一例を挙げれば，フレンスブルクだけで1946年5月から1948年1月の間に351人の国家官吏が新採用されているが，そのうち90％以上が避難民，または他の異郷人なのである…」[17]

苦情処理委員会の設置と，それの書記をSSVの委員から選ぶ，というのはきわめて理に適ったものである。なお，専門家会談での合意の際に，ニュダールがどの程度これのアイディアに関与したか解明はできなかったが，私は，ひょっとするとニュダールにはかつて自らが手掛けたベルリン時代の「ディースターヴェーク大学」のことが念頭にあったのかもしれないと思っている。ワイマール時代ベルリンの「ディースターヴェーク大学」(Diesterweg-Hochschule) は，ベルリン教員の自己教育機関であるのだが，ニュダールは，これを「官民共立」で設立し，維持していったのである。条件は整えるが，運営に関しては，要求をもっている当事者の主体性を尊重する，というのがディースターヴェーク大学の特徴だったのだ[18]。

ともあれ，その後の苦情処理委員会は，沢山の問題を前進的に解決したというから[19]，少数者の要求は必然性があったと言えるであろう。

---

[17] LAS Abt. 605 Prot. Nr. 113, S. 150.
[18] 小峰，前掲書，382-389ページ参照。
[19] Fink, S. 331.

以上のようにして5回にわたる「キール会談」は終幕した。
　会談を全体として見ると，州政府は，少数者の側の政治要求を「文化要求」に限定し（「シュレスヴィヒの行政分離」はすでに会談前に対象外とさせていた），少数者要求のうち「人の権利」は「ボン基本法」に含まれるとしてこれを制限，「少数者教育法案」も棚上げさせた。逆に，「北シュレスヴィヒ」におけるドイツ系少数者教育権については，前文を死守してデンマーク国への要求権を保持した。少数者の得たものは，「自由告白主義」の確認と，少数者の自由な学校選択・設立権（職業学校を含む。しかしいずれも私立学校である），少数者の不利益を監視する「苦情処理委員会」であった。
　したがって，会談の結果は，ドイツ側にしてみれば，いわば「肉を切らせて骨を切る」といった体のものであり，キール会談はギリギリの危機の中でドイツの利益を守りぬいた，という評価になるであろう。キール会談とキール宣言は，ドイツの歴史家にとっては，たとえばビエールが言うように「シュレスヴィヒ・ホルシュタインの少数者領域の新しい一章」ということになるわけであるが[20]，デンマーク側にしてみれば，デンマーク・オーフス大学の歴史家フィンクが言うように「枠組みは満足すべきもの」だが，「経済的諸条件は不十分」というのが偽らざるところであった[21]。

---

[20] Biehl, S. 54
[21] デンマーク国・北シュレスヴィヒでは全教育経費の80％を国が保証，さらに校舎建築も基本的に国の財政で行われていた。他方，ドイツ国・南シュレスヴィヒでは，生徒1人当たり平均80％の経費支出は考えられていたが，校舎建築に国庫支出はなく，生徒1人当たりの教育費支出は，デンマークの方がドイツを明らかに上回っていたのである。Vgl. Fink, S. 331-344.

第9章
「キール宣言」とその後

シュレスヴィヒの州立公文書館
(2005年,筆者撮影)

1.「キール宣言」

　1949年9月26日，シュレスヴィヒ・ホルシュタイン州議会は，「デンマーク系少数者の地位に関するシュレスヴィヒ・ホルシュタイン州政府の宣言」，通称「キール宣言」(Kieler Erklärung, 1949.9.26) を圧倒的多数の賛成で採択した。それ以外は2票の棄権のみ。棄権2票はいずれも野党CDUのもので，その1人は，のちにシュレスヴィヒ・ホルシュタイン州首相となってシュレスヴィヒ開発を推進したリュプケ (Lübke, Friedrich-Wilhelm) であった。彼は原案に対して「重要な問題なので記名投票を」と主張したのだった。(リュプケは，避難民入植のために，中世以来長年の伐採・侵食で荒廃したシュレスヴィヒの農地を整備する大規模な土地改善事業 「北プログラム」 (Programm Nord) を実施する[1]。「キール宣言」の発展形式たるデンマークとの国家間宣言「ボン・コペンハーゲン宣言」(1955.3.29) を推進したのは，リュプケの次の首相ハッセル (Hassel, Kai-Uwe von) であった)。

　「キール会談」の第3回本会談が終結し「キール宣言」が採択される間に，西ドイツ（ドイツ連邦共和国）では民主主義国家として (1949. 5. 23 ボン基本法可決) 初の国会議員選挙が行なわれた。その結果，シュレヴィヒ・ホルシュタイン州では僅差ながら政権党SPD（社会民主党）は野党CDU（キリスト教民主同盟）に敗れた（表11参照）[2]。
　　SPDの敗北は，先にも記したが，政権党SPDの「新路線政策」が，特にシュレスヴィヒの選挙民にとって国境地方の軽視と受け止められたことが原因であった。SPDはフレンスブルク選挙区にディークマンを擁立したが落選。かつての「国境問題長老」シェンク蔵相は，デンマーク系少数者に対抗してドイツ人候補者を支持するというCDUとの選挙協力を守って，SPD党員でありながらCDUの推すDr. エーダート（無所属）を応援したのであった。

---

[1] Vgl. Lange, S. 656.
[2] Bonde /Homeyer, a. a. O., S. 349, 362 より筆者作成。

表11. 連邦議会議員選挙（1949.8.14）と州議会議員選挙（1947.4.20）

		連邦議会選挙 1949.8.14	州議会選挙 1947.4.20
得票（千）	SPD	413.3	470
	CDU	428.9	365.5
割合（%）	SPD	29.6	43.8
	CDU	30.7	34
議席	SPD	8	43
	CDU	8	21

Dr. エーダートは，戦前から少数者教育行政の専門家（視学官）であり，「**相同性原則**（Prinzip der Gegenseitigkeit）の主唱者である。彼は戦前，「北シュレスヴィヒ」のドイツ教育制度確立に尽力したが[3]，そのため選挙期間中「ナチスト」だと攻撃された。ドイツ系少数者（北シュレスヴィヒ）とデンマーク系少数者（南シュレスヴィヒ）とに「同一の」民族学校原則を樹立するという考え方は，元々人口疎なる北シュレスヴィヒが公立学校を止めて私立学校となったことに倣い，人口も多い南シュレスヴィヒのデンマーク系公立学校を私立学校化させる論拠となったのである。

この1949年第1回連邦議会選挙において，フレンスブルク選挙区では，激しく選挙戦が闘われた。小選挙区制であるので議席は1。この1議席をめぐって「ドイツ人」と「デンマーク人」とが，国境問題，避難民問題，教育問題，少数者問題を取り上げて真っ向からぶつかり合ったのである。「ドイツ人」の側では，デンマーク系住民の多いこの選挙区でSSWの当選を阻止すべく「シュレスヴィヒ・ホルシュタイン郷土同盟」議長でもあったエーダート（1948年の州政府閣議で，選挙集会妨害を行なわぬよう警告を送付されることになった同盟である）を異例の無所属で立候補させ，CDU（キリスト教民主同盟），FDP（自由民主党），DP（ドイツ党）の支持層，そしてSPD（社会民主党）支持層からも幅広くドイツ人票を集めて当選を果たした（得票率は無所属［エーダート］48.0%，SSW 31.4%，SPD 15.1%，RSF 3.8%，KPD 1.7%）。連邦議会総数410名中，無所属議員はわずか3名であり，エーダートはCDU/CSU会派に客員所属する。

---

[3] Biehl, S. 43.

他方「デンマーク人」の側は，フレンスブルク選挙区で破れはしたが，州全体で5%以上の得票を獲得したので（得票数 75,388，得票率 5.4%），州リストに基づき，先のシュレスヴィヒ市長クラウゼン（在任1945-1948）を当選させて連邦議会に送り出したのであった（在任1949-1953。なお，この選挙は現在とは異なり1票制だった）。

この第1回連邦議会選挙に，同州ではリューデマンの政権党SPDが敗れた。この結果を受けてリューデマン内閣は退陣（1949年8月29日），首相代理のディークマン（経済・交通大臣で，食料・森林・農業大臣も兼ねる）が後を襲ったのである。したがって，「キール会談」の締めくくりの「キール宣言」は，リューデマンに代りディークマン政権下で議会承認され，内外に発表されたのであった。

ディークマンへの交代によって，さきにデンマーク系少数者と州政府とで合意された宣言文は，その後若干ドイツ側の有利なように文言が変わった。ディークマンは野党の支持をとりつけるために「ドイツ人」側の論理を貫いたのである。つまり，前文の「デンマーク系少数者」の語を宣言全体で使用することを「少数者」との調整交渉で主張し，代わりにデンマーク政府への「期待」を「一定の期待」に譲歩したのである。最終盤の閣議議事録。

閣 議 議 事 録 [4]
（1949年9月22日（木），かもめ館）

開始9:30，終了13:00

出席者
　1. 州首相　ディークマン　（議長）7. 主席州長官　Dr. ミュトリング

---

[4] 閣議議事録（1949.9.22）LAS 605 Prot. Nr. 2, S. 218.

2. 州大臣　ケーバー　　　　　8. 州長官　　Dr. ラウリッツェン
3. 　〃　Prof. Dr. ギュリヒ（10:20-）9. 　〃　　　ズレート
4. 　〃　ジーゲル　　　　　　10. 　〃　　　ニュダール
5. 　〃　ダム　　　　　　　　11. ワグナー氏　（報道室長）
6. 　〃　Dr. カッツ　　　　　 12. ヴォルタース　（書記）
州中央銀行総裁ブルクハルト頭取が,
審議事項13 k) に参加した。

13. 雑　件

a) デンマーク学校給食の再受領――閣議資料No. 13849――
　　州長官ニュダールが閣議資料を説明した。内閣は，デンマークの学校給食を再支給するというデンマーク赤十字の計画を歓迎した。9万箱が，ドイツの当局を通して配分されるはずである。箱の配分については，約5%の児童が問題となる。医者の検査を行なって［箱の供給を］必要とする児童をより分けることになっている。

c) ドイツ・デンマーク協定［キール宣言のこと］の件につき，ディークマン首相が，本案件につき**野党との話し合い**のことを報告した。
　　北フリースランド協会の年次大会に際して，同協会へ州政府のあいさつを伝えることを，州長官ニュダールに託した。

「野党との話し合い」としか表現されていない，この野党への「配慮」の結果,「キール宣言」は圧倒的な賛成で承認されたのである。

この，承認なった最終的な「キール宣言」全文を示せば次のごとくである。

キール宣言（1949.09.26）[5]

「デンマーク系少数者の地位に関する
シュレスヴィヒ・ホルシュタイン州政府の宣言」

（1949年9月26日）

---

[5] Jäckel, S. 50-52.

[前文]

シュレスヴィヒ・ホルシュタイン州政府は，
 デンマーク系少数者にドイツ住民との平和的共住生活を保障するという希望，
 デンマーク系少数者に，シュレスヴィヒ・ホルシュタインにおける正当な利益を保証するという希望，ならびに
 デンマーク民族との良好な近隣関係を招来するという希望
に満たされて，シュレスヴィヒ・ホルシュタイン州議会の承認，ならびに
 デンマーク政府がデンマークにおけるドイツ系少数者に同一の権利と自由を認め，かつ保障するであろうとの一定の期待のもとに，
次のごとく宣言する。

      I.

1949年5月23日のドイツ連邦共和国基本法は，各人に以下の権利を認めている。これによりデンマーク系少数者に属する各人にもまた，彼らの使用する言語を顧慮することなく以下の権利を認めるものである。すなわち，

 a) 人格の自由な発展の権利ならびに人格的自由の不可侵性（［ボン基本法］第2条）
 b) 法の前の平等（第3条1項）
 c) 何者かが，その血統，言語，出生または政治的見解により不利益を受け，または厚遇されることの禁止（第3条3項）
 d) 信仰と良心の自由（第4条）
 e) 自由な意見表明権ならびに報道の自由権（第5条）
 f) 集会の自由，結社の自由（第8条，第9条）
 g) 職業ならびに職場を自由に選択する権利（第12条）
 h) 住居の不可侵（第18条）
 i) 第21条により政党設立ならびに政党活動の自由
 k) すべての公務員就職に際して適性，能力，業績による平等な採用。すなわち公的サービスに従事する吏員，被傭者，労働者の採用に際しては，デンマーク系少数者メンバーと他のあらゆる人間の間にいかなる差別も行なわれてはならない。
 l) 普通・直接・平等・自由・秘密の選挙権。これは州ならびに自治体選挙においても当てはまる。（第28条1項）
 m) 公権力によって彼の権利が侵害されたとき，裁判所の保護を求める権利（第19条4項）

 したがって何人も，基本法第31条により絶対的優先権を備える現行基本法の基礎の上で，デンマーク系少数者所属のゆえに不利益を蒙り，または厚遇されてはならないのである。

II.

この法原則を詳論するならば，これによって以下のごとく定式化されるものとする。

1. **デンマーク人であること，ならびにデンマーク文化の表明は自由である。それが役所の側から問題にされたり審査されてはならない。**
2. デンマーク系少数者とその組織，および成員が，会話，書簡，ないしは印刷物で希望する言語を使用することを妨げてはならない。裁判所ならびに行政官庁の下でのデンマーク語の使用は，一般的法律に従って規定されるものとする。
3. 幼稚園，一般教育諸学校および民衆大学（専門的編成のものも）を，デンマーク系少数者が，法律の基準に基づいて設立することができるものとする。デンマーク語を授業言語とする学校では，ドイツ語の十分な授業を行なうものとする。**親，教育権者が，その子どもをデンマーク語を授業言語とする学校へ通わせるかどうかは，自由に決定できるものとする。**
4. 議会の慣習により，自治体，役所，郡，州の代表団体の全政治グループが，適切な方法で諸委員会への協力を要請されることがある——その時々の多数関係に見合う配慮なしに——ことを，州政府は自然のことだと考える。
5. ラジオ放送がデンマーク系少数者および他の政治，文化団体にアクセスされることを，州政府は望ましいことだと考える。
6. デンマーク人聖職者ならびに教会共同体が，管轄の教会ないし共同体の責任者の了承の下に，自由に選択された希望言語を使用して教会，墓地，ならびに似たような施設を使用しうるということを，州政府は望ましいことだと考える。
7. 公的資金からの補助金ならびにその他の給付を行なうに当たっては——それらの決定については自由な評価によって行なわれる——，デンマーク系少数者の帰属がかかるものとして配慮されることはない。
8. 公的告示をデンマーク系少数者新聞に知らせずにおくことは許されない。
9. デンマークとの宗教的，文化的ならびに専門的な結合を育成するというデンマーク系少数者の特別な関心は認められる。
10. 宗教的，文化的もしくは専門的助言者として活動することを州政府が許可したデンマーク国家所属者（例えば聖職者，教師，農業助言者等）が，彼らの任地の自治体における移住許可の発行ならびに住居割当に際して，同職の他の所属者［ドイツ人］と比べて不利益を被ることは許されない。彼らは政治活動を行なってはならない。

> 11. もし，以上の諸点において州の権限が存在しない場合，州政府は，権限を有する各所において承認と実行のために尽力がなされるよう努力するつもりである。
>
> Ⅲ.
> デンマーク系少数者の提案，苦情，ならびに他の陳情を検討解明するために委員会を設置する。本委員会は，3名のデンマーク系少数者メンバーならびにシュレスヴィヒ全権委員が任命した3名のメンバーにより構成されるものとする。
> 委員会の職務を指導するのは1名の事務長──デンマーク系少数者が立てた3提案の中から委員会の多数決で選出し，州政府が任用する──である。彼の課題は，まず，すべての陳情を州政府ないしは当地の権限ある機関との交渉プロセスに乗せることである。それが不可能の場合，彼は委員会に所見表明を行なわなければならない。シュレスヴィヒ全権委員は，委員会のこの，ないし他の所見を求めることができる。委員会の所見に対して多数が見出されないとき，別の2つの所見を提出することができる。
> 委員会の所見は州政府の最終裁定に送付される。もし自治団体の諸方策に疑問が出た場合，州政府がその権限の範囲内で必要事項を指示するものとする。
> 詳細は事務規程に定める──それは委員長の選出についても，また，委員会の両グループ間の委員長交替についても定める──ものとする。事務規程を決定するのは委員会である。事務規程は，州政府の許可を必要とする。
>
> Ⅳ.
> ここに定められた基本原則は，シュレスヴィヒ・ホルシュタインのフリースランド人住民にも，同様の意味合いにおいて適用されるものとする。

「キール宣言」は，その第1条で，

> 「1. デンマーク人であること，ならびにデンマーク文化の表明は自由である。それが役所の側から問題にされたり審査されてはならない。」

と述べ，デンマーク系少数者の長年の要求であった「自由表明主義」（自由告白主義）を明示した。民族所属を客観基準（団体への所属等の）によって決することを排し「主観基準」によることとしたのである。これにより，デンマー

ク系少数者（ならびにフリースランド人も）は団体所属にかかわらず，子どもをどの学校に就学させるかを自由に決定できることになったのである（デンマーク系私立学校ないしはドイツの公立学校）。「キール宣言」の最大の意義はここにある[6]。

そして，以下，言語使用の自由，学校設立の自由，放送・出版の自由，教会の自由等，少数者のドイツ国家公民としての権利を述べ，これを十全に保障するために特別の「委員会」を組織するとしたのである。この「苦情処理」委員会は，その後「少数者」の権利を実現するために多くの案件を扱うことになる（事務長はクリスチャンセン（Christiansen, Wilhelm Ludwig））。

ディークマンは議会への提案説明で，「キール宣言」は英国の主導のもとに「少数者」との会談を行ない，歴史的な懸案を解決したのである，その際，最低限の基本線は守り抜いたと述べている。それは，次の3点である。

① ドイツ・デンマーク間の国境は断固として不変である（Die Grenze zwischen Deutschland und Dänemark ist ein für allemal festgelegt.）

② シュレスヴィヒ・ホルシュタインは不可分の統一体を成す（Schleswig-Holstein bildet eine untrennbare Einheit.）

③ シュレスヴィヒ・ホルシュタイン州のすべてのドイツ国家公民は無条件の忠誠を義務付けられている（Alle deutschen Staatsbürger des Landes Schleswig-Holstein sind zu unbedingter Loyalität verpflichtet.）[7]

ここにドイツ側の本心が述べられているというべきであろう。「ロンドン円卓会議」で「少数者」との直接会談が提案された頃は，シュレスヴィヒの分離・ドイツ国境変更の可能性があった。そのような状況下で，何とか少数者との交渉を乗り切り，これに一定の解決の道筋をつけた「キール宣言」であった

---

[6] Hansen, S. 129.
[7] LAS Abt. 605 Nr. 392, S. 172.

のだ。

　「キール宣言」の内容については,「少数者」の側の「南シュレスヴィヒ協会」(SSV) も概ね満足であった。「キール会談」終了後に, かのSSV「強硬派」ミュンホウも「満足である」と表明している[8]。

　(ちなみに,「キール宣言」のように軍事力によらない紛争解決は, 宗教や「アイデンティティー」の同一性によって民族紛争がグローバル化している今日, 1つの成功例として注目されている。[9])

2.「コペンハーゲン議事録」,「ボン・コペンハーゲン宣言」

　「キール宣言」後, デンマーク国内の「ドイツ系少数者」もデンマーク人との同権を求めて行った。

　1949年10月27日, 代表はコペンハーゲンに飛んで, 首相ならびに教会大臣と会見した。しかし, デンマーク当局は, デンマークがドイツと同様の宣言を表明する段階ではないと要求を退けた。

　しかし, デンマーク首相ヘドトフトは「デンマーク公民としての権利はある」と示唆した。ヘドトフトは, デンマークは1919年3月6日（国民投票前）に「ドイツ系少数者」の言語・学校の権利を保障している, この原則は不変であるとしたのだった[10]。このドイツ系少数者の権利確認の表明が, のちに「**コペンハーゲン議事録**」(Kopenhagener Protokoll, 1949. 10. 27) と称される。

　このようにしてドイツ側, デンマーク側の「少数者」の権利が互いに承認され, 両国は,「キール宣言」,「コペンハーゲン議事録」という土台の上に「少数者」教育事業を展開するのだが, やがていくつか問題が露呈してきた。それ

---

[8] Vgl. Schleswig-Holsteinische Volkszeitung, vom 14.7.1949. In: ebenda, S. 113.
[9] Kieler Erklärung. Zivile Konfliktbearbeitung: Eine zentrale Aufgabe für Friedensgestaltung und Friedensforschung. Kiel: Projektverband Friedenswiss., 1994.
[10] Jäckel, S. 52-55.

はこれらが政府間合意ではなかったことによるのである。(ここに「キール宣言」の法的な問題性があるのだが、それの説明はここでは割愛する。)

シュレスヴィヒ・ホルシュタインでは、1950年3月7日、新学校規程「デンマーク系少数民族教育制度に関する1950年3月7日シュレスヴィヒ・ホルシュタイン文部省令」を発布して、少数者教育を行なうのだが、「キール宣言」のレベルでは解決しない問題が出現した。それは次のものである。

① アビトゥーアその他の試験規程問題

デンマークとの相互協定が成立していなかったため、先に触れたように、「少数者」がデンマークのアビトゥーアを取得してもドイツでは通用しなかった。そのため、デンマーク系少数者がドイツの大学で就学中に退学を余儀なくされ、結局デンマークの大学に転学したのである。このような不合理を克服するには、ドイツ・デンマーク政府間による協定が必要であった。

② 財政問題

シュレスヴィヒ・ホルシュタイン州政府は、本法で、デンマーク系少数者学校への国庫補助を「80％まで（bis zum 80％）」と定めた。しかし、1951、1952年の財政難で、50％へ下降してしまったのである。そのため「デンマーク学校協会」が年40万マルクの負担をして急場を凌いだ。1953年に漸く80％に回復したので、「少数者」は州政府に抗議し、2年間の負担分80万マルクの返還を求めた。しかし要求は退けられた。この事態から、ドイツとデンマークとの政府間協定を結び、国庫補助を明瞭な義務規定とすることが求められたのである[11]。

これに、政治レベルにおける「5％条項」問題が重なる。

---

[11] Vgl. Biehl, S. 56-57.

表12. SSWの州議会議員選挙における得票数・得票率・議席数

年月日	1947.4.20	1950.7.9	1954.9.12	1958.9.28
得票（千）	99.5	71.9	42.2	34.1
割合（％）	9.3	5.5	3.5	2.8
議席	6	4	0	2

出典：Fink, S. 337.

表13. SSWの連邦議会議員選挙における得票数・得票率・議席数

年月日	1949.8.14	1954.9.6	1957.9.15
得票（千）	75.4	44.6	32.3
割合（％）	5.4	3.3	2.5
議席	1	0	0

③ 5％条項

　SSWは，1954年の州議会選挙で，それまでの4議席全てを失った。それは憲法の「5％条項」によって議席を阻まれたのである。この選挙でSSWは42,200票を獲得しており，これはもし「5％条項」が無ければ2議席は可能のはずだった（表12参照）。

　また，直前のドイツ国会（連邦議会）選挙でも議席を失っている。

　この少数者の政治参加を「5％条項」で除外する状況を「解決」する契機となったのが，ドイツのNATO加盟問題であった。西ドイツは，1955年に再軍備をしNATOに加盟するのであるが，その加盟を審議するNATO委員会でデンマーク外相がドイツ・デンマーク問題を持ち出し，事態の改善を提案したのである。会議にはこのとき，ドイツ首相アデナウアーが出席していた。事態を

第9章 「キール宣言」とその後　187

認識したアデナウアーとデンマーク外相ハンゼンとの「廊下会談」が変化の第一歩であった。デンマークは，1866年の「プラハ条約」以来，あらゆる種類の国際条約を「デンマーク内政への干渉」として忌避してきたのであるが，それが変化したのである。その交渉過程も，「キール宣言」に劣らず長い道のりであったのだが，ここでは省略する[12]。

1955年3月31日，シュレスヴィヒ・ホルシュタイン州議会（ハッセル Kai-Uwe von Hassel 政権下）は全会一致で「ボン・コペンハーゲン宣言」(1955.3.29)（Bonn-Kopenhagener-Erklärungen vom 29. März 1955）を採択，6月6日，ドイツ連邦議会も同じく全会一致でこれを採択した。デンマークの方は，1955年4月19日，国会において賛成159，反対9，保留3で採択に至るのである。これを今示すと次のごとくである。

ボン・コペンハーゲン宣言（1955.03.29）[13]

1. 共同議事録　1955年3月29日
ドイツ・デンマーク会談の諸結果

外務省は次のとおり告知する；
ドイツ・デンマーク双方の少数者の権利に関する会談は，以下の諸結果に至った。

Ⅰ．［ドイツ側の義務］
1. ［ドイツ］連邦［共和国］政府は，下院に対して，デンマーク系少数者の全般的権利に関する同封の宣言の承認を上程する。
2. 連邦政府は，1953年7月8日の連邦選挙法（連邦法令集Ⅰ，S. 470）に関し，第9条5項の中で国内少数者の利益になるように定めた規程を，将来の連邦選挙法の中に引き継ぐよう努めるものとする。

---

[12] Biehl, Höffken, Fink 等参照。
[13] Jäckel, S. 74-76.

3. シュレスヴィヒ・ホルシュタイン州政府は，連邦政府に対し以下の諸事項に関して受諾してもらう旨回答した。
   a) シュレスヴィヒ・ホルシュタイン州議会は，デンマーク系少数者の利益になるように，シュレスヴィヒ・ホルシュタイン州選挙法第3条中の**5％条項の除外規定を**，可能な限り速やかに決議するよう努力する。
   b) デンマーク系少数者学校への出費に関して，将来再び，現行のシュレスヴィヒ・ホルシュタイン州公立国民学校生徒1人に対してなされている**人的ならびに物的支出の80％を**計上する。
   c) デンマーク系少数者学校制度規程に関して定めた1950年3月7日の州文部省令第XI条項に関し，求めに応じ，デンマーク系少数者の**上級一般教育学校設立**については，本学校がドイツの学校制度と同権条件で承認される**試験［アビトゥーア］の可能性を検討する**。
4. 連邦政府は，シュレスヴィヒ・ホルシュタイン州政府との了解の下に，関係各所すべてが，少数者の権利に関し，本宣言の第1条で述べられた宣言の精神でこれを尊重，確立すべきであろうとの期待を表明するものである。

II．［デンマーク側の義務］

1. デンマーク政府は，国会に対して，ドイツ系少数者の一般的権利に関する同封の宣言の承認を上程する。
2. デンマーク政府は，1946年7月12日の法律第412号——本法は1952年6月7日の法律第214号により改正——の第4条を，可能な限り速やかに廃止するよう努めるものとする。
3. デンマーク政府は，関係各所すべてが，少数者の権利に関し，本宣言の第1条で述べられた宣言の精神でこれを尊重，確立するであろうとの期待を表明するものである。

ドイツ・デンマーク会談の終了に当たって，［ドイツ］連邦［共和国］前首相と［デンマーク王国］首相は，両政府の名をもって以下の宣言を発表した。

2. 1955年3月29日のドイツ連邦共和国政府宣言
［ドイツ側ボン宣言］

ドイツ連邦共和国政府は，
　ドイツ・デンマーク国境［地方］の平和的共同生活，ならびにこれによってドイツ連邦共和国とデンマーク王国の間の友好関係全般をも促進することを希望し，

連邦共和国がヨーロッパ人権条約の構成員として国内少数者の差別否定（第14条）義務を負っているところの国際法上の義務に思いを致し，

かつまた，シュレスヴィヒ・ホルシュタイン政府が，1949年9月26日の宣言［キール宣言］の拠り所とした，ドイツ連邦共和国基本法の明示した根本原則の精神で，

以下のように宣言する。

Ⅰ．［ボン基本法のカバー領域］

少数者成員は，国家公民すべてと同様に，1949年5月23日のドイツ連邦共和国基本法の中に保障された諸権利を享受する。それらの諸権利は，特に，基本法の枠で定める以下の権利である。

1. 個人の自由の不可侵権
2. 法の前での平等
3. 信仰と良心の自由
4. 意見表明の自由権ならびに報道の自由
5. 集会と結社の自由
6. 職業ならびに職場を自由に選択する権利
7. 住居の不可侵
8. 政党設立の自由
9. すべての公務員就職に際して，適性，能力，業績による平等な採用。公的サービスに従事する吏員，被傭者，労働者において，デンマーク系少数者成員と他の国家公民の間にいかなる差別も行なわれてはならない。
10. 普通，直接，平等，自由，秘密の選挙権。これは州ならびに自治体選挙においても当てはまる。
11. 公権力によって権利が侵害されたときに裁判所の保護を求める権利。
12. 何人も彼の血統，言語，出生または政治的見解により不利益を受け，または厚遇されてはならないという平等な処遇への権利。

Ⅱ．［少数者規定］

1. デンマーク人であることとデンマーク文化の表明は自由であり，それが役所の側から問題にされたり審査されてはならない。
2. デンマーク系少数者の成員ならびにその組織が，会話，書簡で希望する言語を使用することを妨げてはならない。裁判所ならびに行政官庁の下でのデンマーク語の使用は，これに関わる法的諸規程によって規定されるものとする。
3. 公的資金からの補助金ならびにその他の給付を行なうに当たっては――そ

れの決定に関しては自由な評価によって行なわれる──，デンマーク系少数者所属者が，他の国家公民と比べて差別して扱われてはならない。
4. デンマークとの宗教的，文化的ならびに専門的な結合を育成するというデンマーク系少数者の特別な関心は認められる。

Ⅲ．[州の義務]

連邦政府は，シュレスヴィヒ・ホルシュタイン州政府が，連邦政府に表明した内容を明らかにする。
1. 自治体の代表団体における委員会編成に当たっては，自治体法規により人数比に応じた方法を採用しているため，委員会活動へのデンマーク系少数者代表は，その数に応じて選出されるものとする。
2. 州政府は，デンマーク系少数者が各局の現行規則の枠内で，放送利用に対して適切に配慮されることを勧めるものである。
3. 公的公示を行なうに当たっては，デンマーク系少数者新聞が適切に配慮されるべきである。
4. シュレスヴィヒ・ホルシュタイン州内において，一般教育諸学校および民衆大学（専門的編成のものも）ならびに幼稚園を，デンマーク系少数者が法律の基準に基づいて設立することができるものとする。デンマーク語を授業言語とする学校では，ドイツ語の十分な授業を行なうものとする。親，教育権者が，その子どもをデンマーク語を授業言語とする学校へ通わせるかどうかは，自由に決定できるものとする。

3. デンマークの告知　第24号，1955年6月7日
ドイツ系少数者の全般的権利に関する告知
[デンマーク側コペンハーゲン宣言]

[デンマーク王国]首相と外務大臣は，1955年4月1日，政府の名においてデンマーク議会に，国土南ユトランド部分のドイツ系少数者に属する人々に当然与えられる全般的権利に関する以下の宣言を上程した。

デンマーク王国政府は，
　デンマーク・ドイツ国境[地方]の両者住民の平和的共同生活，ならびにこれによってドイツ連邦共和国とデンマーク王国の間の友好関係全般をも促進することを希望し，
　ヨーロッパ人権条約第14条に立脚して──これに基づいて当条約で承認した

権利ならびに自由は，国内少数者所属による差別なく保全されなくてはならない——，

この少数者のためにすでに有効な法原則——それは当時のデンマーク首相ハンス・ヘドトフツによって北シュレスヴィヒのドイツ系少数者代表に向けて1949年10月27日に発せられた宣言（いわゆるコペンハーゲン覚え書き）の中に記されたものである——を，

以下のように宣言する。

I.

デンマーク法——1953年6月5日のデンマーク王国基本法ならびにその他の法——に基づき，すべての国家公民，ならびにドイツ系少数者成員も，彼らの使用する言語への顧慮を行なうことなく，以下の権利と自由を享受する。

1. 個人の自由の不可侵性
2. 法の前の平等
3. 信仰と良心の自由
4. 意見表明の自由権ならびに報道の自由
5. 集会と結社の自由
6. 職業ならびに職場を自由に選択する権利
7. 住居の不可侵
8. 政党設立の自由
9. すべての公務員就職に際して適性，能力，業績による平等な採用。すなわち公的サービスに従事する吏員，被傭者，労働者の採用に際しては，ドイツ系少数者メンバーと他のあらゆる人間の間にいかなる差別も行なわれてはならない。
10. 普通，直接，平等，自由，秘密の選挙権。これは自治体選挙についても当てはまる。
11. 公権力によって彼の権利が侵害されたとき，裁判所の保護を求める権利
12. 何人も彼の血統，言語，出生または政治的見解により不利益を受け，または厚遇されてはならないという平等な処遇への権利。

II.

本法律原則の詳細は，ここに以下のように定式化される。

1. **ドイツ人であることとドイツ文化の表明は自由であり，それが役所の側から問題にされたり審査されてはならない。**
2. ドイツ系少数者の成員ならびにその組織が，会話，書簡で希望する言語を使用することを妨げてはならない。

裁判所ならびに行政官庁の下でのドイツ語の使用は，これに関わる法的諸
　　　規程によって規定されるものとする。
　　3. 一般教育諸学校および民衆大学（専門的編成のものも）ならびに幼稚園
　　　を，ドイツ系少数者が，デンマークで認められている教授の自由の原則に基
　　　づき，法律の基準に従って設立することができるものとする。
　　4. 自治体の代表団体における委員会編成に当たっては，自治体法規により人
　　　数比に応じた方法を採用しているため，委員会活動へのドイツ系少数者代表
　　　は，その数に応じて選出されるものとする。
　　5. デンマーク政府は，ドイツ系少数者が各局の現行規則の枠内で放送利用に
　　　対して適切に配慮されることを勧めるものである。
　　6. 公的資金からの補助金ならびにその他の給付を行なうに当たっては——そ
　　　れの決定に関しては自由な評価によって行なわれる——，ドイツ系少数者所
　　　属者が，他の国家公民に対していかなる差別的処遇も行なわれてはならな
　　　い。
　　7. 公的公示を行なうに当たっては，ドイツ系少数者新聞が適切に配慮される
　　　べきである。
　　8. ドイツとの宗教的，文化的ならびに専門的な結合を促進するというドイツ
　　　系少数者の特別な関心は認められる。
　　デンマーク国会は，1955年4月19日の決議によりこの宣言に承認を与えた。

　「ボン・コペンハーゲン宣言」によって，両国の教育上の問題，ならびにそ
れの背後にある政治上の問題が，州政府ではなくて国家間協定として平和的に
解決されたのであった。箇条書き的に述べるならば，主要には次のものであ
る。
　　① 「5％条項」の除外——デンマーク系少数者の「5％条項」除外は，1955
　　　　　　年5月31日に実現した。（ただし，「少数者」には，少数者
　　　　　　以外の当選者の最下位者を上回る得票を得ることが条件に
　　　　　　定められている）。
　　② 財政問題——デンマーク系少数者学校への国庫補助を，人件費のみなら
　　　　　　ず「人的ならびに物的支出の80％を計上する」とした。
　　③ 中等学校設立とアビトゥーアの承認——中間学校，中等学校の設立を可

とし，また，ドイツ学校制度への対応を前提としたアビトゥーアの承認。

「ボン・コペンハーゲン宣言」の内容は，基本法に基づき少数者が権利として求めたものであるが，むしろその意義は，ドイツとデンマークが初めて共通のテーブルについて少数者問題を議論したことである。デンマーク・オーフス大学教授トレルス・フィンクは，その著『シュレスヴィヒ国境州の歴史』の中で，「シュレスヴィヒ国境州の歴史は，1000年以上にわたり，多様な諸関係の下での厳しい闘いによって特徴づけられてきた」と述べている[14]。その意味で「ボン・コペンハーゲン宣言」の意義は，

① ドイツ・デンマーク間の政治的平和を実現したこと
② 北・南シュレスヴィヒ少数者教育権を確立したこと

1955年に，国境の北側では，ドイツ語私立学校29校で約1,000名のドイツ系少数者生徒が学び，国境の南側では，デンマーク語私立学校88校で約7,700名のデンマーク系少数者生徒が学んだ。1948年には［デンマーク系少数者生徒は］約14,000名だった。学校は教育の場であると共に，校外文化活動のセンターでもあった。

図8. シュレスヴィヒ少数者学校 1955
出典：LAS Abt. 605, Nr. 392

---

[14] Fink, S. 340.

に求められる。まことに，国境を接した両国の長い歴史の中で，初めて両国の真に平和的な関係が構築される緒についたと言えるのである。本書において参考にしたビエールが，「これをもって国境少数者問題会議の目標は達成された。議論の分かれた点は解決され，国境地域の緊張緩和が実現したのである」と評しているのは，決して過大なものではないであろう[15]。

3. ニュダールと少数者教育権

さて，私の，ニュダールの戦後史を追う作業は，思いもかけず，デンマーク系少数者教育問題，シュレスヴィヒ・ホルシュタインの戦後史，また，ドイツ・デンマーク間の国境問題とNATO体制という大きな国際的政治・文化枠組みにまで発展したのだったが，ここで，再びニュダールのことに焦点を絞ってみよう。

(1) シュレスヴィヒ全権委員の権限縮小

シュレスヴィヒの州立文書館の議事録を繰っていくと，「キール会談」の最終盤に，内閣でシュレスヴィヒ全権委員の権限縮小問題が議論されているのに気がついた。まずは議事録を追ってみる。

閣 議 議 事 録 [16]
（1949年6月16日（木）， 州庁）

開始17:20，終了22:30

---

[15] Biehl, S. 60.
[16] 閣議議事録（1949. 6. 16）LAS 605 Prot. Nr. 2, S. 174-176.

出席者
 1. 首相代理　ディークマン（議長）　6. 主席州長官　Dr. ミュトリング
 2. 州大臣　　ケーバー　　　　　　　7. 州長官　　　Dr. ラウリッツェン
 3. 〃　　　　Dr. シェンク　　　　　8. 　〃　　　　ニュダール
 4. 〃　　　　Prof. Dr. プレッラー　 9. ワグナー氏　（報道室長）
 5. 〃　　　　Dr. カッツ　　　　　　10. 報告官　　　ヴォルタース（書記）
　　10. シュレスヴィヒ全権委員の地位――閣議資料No. 97/49――
　州大臣ケーバーが，閣議資料No. 97/49を回収して，シュレスヴィヒ全権委員の任務領域と活動様式は，1948年10月4日の閣議決定で一般的に定めてある，と述べた。
　これまですでに，一体誰が国境地方問題の政策責任者なのか，という状況であるやに見受けられる。この重要な［国境地方］問題については，内閣全体が方向を指し示すべきであることは疑いないであろう。この大綱枠組の中で，それほど根本的に重要でない問題は，首相代理が議長を務める諸大臣会議で決定すべきである。それゆえ，シュレスヴィヒ全権委員を首相代理直属に置くことが適切と言えるであろう，と。
　短い議論ののち，次のような結論が全員一致でまとまった。
　シュレスヴィヒ全権委員の全任務を集中，調整するために，諸大臣会議の設置が決定した。同会議は首相代理による議長ならびに事務運営の下に，内務大臣，大蔵大臣，経済大臣，厚生大臣が所属する。
　諸大臣会議議長は，助言委員会に，助言対象に実際に権限を有する同会議構成員を，通常2名だけ招くものとする。
　諸大臣会議は，3票で議決できるものとする。
　報道機関への内容発表は，報道室を通して行なうものとする。

　　　　　　　　　　　　　16. 雑件
f) シュレスヴィヒ専門家交渉
　州長官Dr. ラウリッツェンが，1949年5月1日に閣議決定した草案が，［少数者との］交渉対象であった，として以下のように報告した。
　デンマーク人たちは，新たな草案を提出した。
　しかし，交渉の中で，州政府の決定したもの［ドイツ側対案］が交渉の基礎として役立つ，との了解に至った。
　助言委員会を創設することを検討することとした。
　交渉は明日も引き続き行なわれる。
　交渉が終わったのち，占領軍政府との了解の下に，交渉結果について報道発表することになっている。

1949年6月16日は,「キール会談」第2回専門家会談が開かれている最中である(「16. 雑件」参照。会談はこの日と翌日の両日にわたる)。この重要な段階で,州大臣ケーバー(内務大臣)の提案により,シュレスヴィヒ全権委員の活動が,「これまですでに,一体誰が国境地方問題の政策責任者なのか,という状況であるやに見受けられる」として,同全権委員をそれまでの州首相直属から首相代理直属に編成替え(それはつまり首相代理ディークマン(経済・交通大臣,食料・森林・農業大臣)下に服するということである),かつまた,「それほど根本的に重要でない問題は」関係5大臣(首相代理,内務大臣,大蔵大臣,経済大臣,厚生大臣)から成る「諸大臣会議」で決することとしたのである(3票で議決)。これは,それまでシュレスヴィヒに関わるすべての案件に,シュレスヴィヒ全権委員の絶大な決定権があった状況と比べると,いちじるしい権限縮小である。

　　「シュレスヴィヒ全権委員が態度決定を有する場合には,この案件の決定は,まず第一に同委員に委ねられなければならない。特に,シュレスヴィヒの案件にかかわる経費支出は,全権委員の態度決定の後に初めてなされる必要がある。」
　　　　　　　　　　　　　　　(シュレスヴィヒ全権委員規程,1948年10月4日)

　たしかに,この重要なデンマーク国境地方の問題について「内閣全体が方向を指し示すべきである」ことは「疑いない」。しかし私は,この案件が出された時間的な,また人的な状況に注目せざるを得ないのである。つまり,
　①「キール会談」第2回専門家会談が開かれている最中であるということ。
　② その直前の閣議で,ニュダールがシュレスヴィヒの文化振興のための「2万マルク基金」創設を提案したということ(従来の補助金は,1万マルクだったが支出されないのをニュダールが問題にしている)。閣議では,次回に大蔵大臣の出席を請うとして継続審議となった。
　③ 文化基金提案のとき蔵相シェンクは閣議に欠席だったが,今回は,首相リューデマンが欠席である。

第9章 「キール宣言」とその後　197

　以上の状況を総合的に判断すると，ニュダールのこの間の，デンマーク系少数者ならびにドイツ系少数者の文化・教育振興のための諸活動に対して，内相ケーバーが一定のブレーキをかけた，と言えるのではないだろうか。ニュダールの諸活動を具体的に列挙すれば次のものである。
　① デンマーク系少数者との専門家交渉。特に，その中で，従来の「客観基準」に代わって少数者の主張する「主観基準」に合意したこと
　② シュレスヴィヒの教会行政に関する活動
　② 文化振興のための「2万マルク基金」の創設提案
　③ 北シュレスヴィヒ（デンマーク国）のドイツ系少数者との連携
　④ そしてニュダールの英国出張・交渉，ならびに国境地方住民との対話活動等

　最後の④ないしは③を含めた項目は，確かに「シュレスヴィヒ全権委員」の活動枠を越え出るものであると言えるかもしれない。そのことが，ケーバー内相をして「一体誰が国境地方問題の政策責任者なのか，という状況」と感ぜしめたのかもしれない。そして，さらに言えば，「主観基準」の採用についてであるが，私は，「客観基準」を否定して少数者の提案するプロイセンの1928年の「主観基準」に戻ることを閣議で，ないしはシェンク蔵相ら国境州委員会の大臣に示唆したのは，1928年当時プロイセンの首都・ベルリン市の教育長であったニュダールかもしれない，と思うのである。（先に示したように，この少数者規程は，1928年，プロイセンの学者文相ベッカー文政下のベルリンで発せられている。リベラルな視点をもつすぐれた教育行政家，ニュダールが，本規程に親しんだ可能性は，大いにあり得ることだと考えられるからである。）
　なお，このニュダールのシュレスヴィヒ全権委員の権限縮小を扱った閣議に，リューデマンは欠席であった。このとき最早，リューデマンはニュダールの後ろ盾となってはいないようである。（ちなみに，この頃リューデマンは，州庁会館「かもめ館（Möwenhaus）」建設問題で追及を受けている。会館建設にリューデマンの親族が関わり，また，財政を担うシェンク蔵相も，蔵相とし

て監督責任を問われているのである[17]。）

　その後，ニュダールは，ディークマン政権下でも引き続き「州長官」をつとめるが，1950年9月，短命なディークマン政権がCDUバルトラム政権に代わると，同政権はシュレスヴィヒ全権委員に持続的援助を行なわず，ニュダールはもはや自分の活動の場所が閉ざされたのを自覚した。

　1951年5月，ニュダールは，7月1日付での退任を表明。これはバルトラム首相の希望通りであり，直ちに取り上げられた。シュレスヴィヒ全権委員事務所も，7月1日に首相府所属に編成替えとなりキールに移転した[18]。

(2) それからのニュダール

　しかしニュダールは，「ドイツ国境州平和活動同盟（国境平和同盟）」(Bund für deutsche Friedensarbeit im Grenzland: Grenzfriedensbund) の設立 (1949年) 以来，議長を引き受け (1961年まで)，州政府とは異なる民間レベルで，ドイツ・デンマーク国境地方の平和と和解に貢献したのである。国境平和同盟は目的を，

　　①「北シュレスヴィヒ」・ドイツ人のアイデンティティー確立
　　②「南シュレスヴィヒ」・デンマーク人の平和的同権の実現

におき，とりわけ文化活動において活発な活動を展開した。文庫を設立し，芸術活動を促進したことは，フレンスブルク市に重要な意義をもっていた。なかでも北境交響楽団 (Nordmark-Symphonie-Orchestra) の設立は特筆される。先に私が触れたブフホルツは，ニュダールが，デンマーク政治家とコンタクトを

---

[17] 閣議議事録(1949. 4.30-5.1) LAS 605 Prot. Nr. 2, S. 150参照。
[18] 1951年6月16日に，新聞は一斉にシュレスヴィヒ全権委員事務所の編成替えと，ニュダール退任を報じた。Vgl. Die Welt, 1951.6.16. その一週間後，ニュダールは当地の教員組合で講演を行ない，その中で国境問題の現況に触れている。それによれば，もはやドイツ連邦共和国も，かつまたホルシュタインも，国境問題に関心を失っている，とのことである。また，退任を申し出たニュダールのこれまでのシュレスヴィヒ全権委員活動に対して，州政府から感謝の言葉は聞かれなかったとのことである。Vgl. Die Welt, 1951.6.23.

第9章 「キール宣言」とその後　199

取ってドイツの姿勢を理解してもらうよう努力したために，国境の両方の住民の定期的な出会いが実現したと述べている（『北シュレスヴィヒ新聞』社説，1952年8月21日）。

　「…ニュダールに導かれてドイツとデンマークの教師たちがミュルヴィッツの教育大学で出会ったことによって，友好の空気が広がった…。かかる出会いは類い稀な意味をもっている。人は知り合うことにより，他の人間と新しい歴史の瞬間を聞くのである。それにより，自分独自の立場を研磨するのである。我々に塔のように高く聳えているかに見える幾多の問題も，静かに着実に乗り越えられるであろう。人間の協調が広がることによって，具体的な見通しの中に成果となって表れるであろう。人はこのイニシアチブをとったことに対し，イェンス・ニュダールに心の底から感謝するものである。それも，このような試みが一連の長い過程の最初のことであるとすれば，心底感謝するほかはない…。」[19]

ドイツ・デンマーク間の教員たちの出会いは，国境地方で静穏な関係が実現する展望を与え，その後，毎年行なわれることとなった。特に，1956年のキールでの会合では，少数民族の国境地方での活動に理解がなされなければならない，少数者は，ヨーロッパ精神の中で使徒の役割を果たさなくてはならないと強調されたのであった[20]。このようなニュダールの活動を，シュッパンは「先のベルリン時代と同様に，ニュダールの行政活動は待業的理論化というよりは果断的行動というものであった」と評している[21]。

ニュダールは，「国境平和同盟」議長退任後（1961年）も名誉議長をつとめ，最後まで国境地方の文化・教育問題に心を寄せ続けたのである。1967年3月19日，キールにて没。享年84歳であった。

---

[19] Buchholz, S. 40.
[20] „Ein Europäer in Nordschleswig. Stationen eines Lebensweges: Jens Nydahl wird 80 Jahre alt". In: Volkszeitung. -Kieler Morgenzeitung vom 26. Januar 1963.
[21] Schuppan, Sören: „Nydahl". Im Auftrag der Gesellschaft für Schleswig-Holsteinische Geschichte und des Vereins für Lübeckische Geschichte und Altertumskunde (Hrsg.): Biographisches Lexikon für Schleswig-Holstein und Lübeck, Bd.10, Neumünster 1994 (Schuppan (1994)), S. 275.

おわりに

　現行シュレスヴィヒ・ホルシュタイン州憲法は，少数者の権利を次のように定めている。

　「第5条　国内少数者および民族グループ
　(1) 少数民族の告白は自由である；そのことによって，一般的な公民の義務から免れるわけではない。
　(2) 国内少数者および民族グループの文化的独自性と政治的活動とは，州，市町村，ならびに諸共同体において庇護される。国内デンマーク系少数者ならびにフリースランド民族グループは，保護と促進の要求権をもっている。
　第8条　教育制度
　(4) 教育権者は，その子どもを国内少数者学校に就学させるべきかどうかを決定する。
　(5) 詳細は法律に定める。」[1]

　ここにはデンマーク系少数者（およびフリースランド系少数者）の自由表明主義（自由告白主義）が確立しており，またその文化・教育権促進は州，ならびに地方公共団体に義務として課せられているということがうかがえるのである。
　ちなみに現在のシュレスヴィヒ・ホルシュタイン州政府の少数者学校管轄は
　① 北シュレスヴィヒ［デンマーク国］のドイツ系少数者教育制度
　② 自州［ドイツ］のデンマーク系少数者私立学校制度

---

[1] Verfassungen Schleswig-Holsteins. In: http://www.verfassungen.de/de/sh/schleswig-holstein90-index.htm

の両方に及んでいる。また，シュレスヴィヒ・ホルシュタイン州内の**デンマーク系少数者の運営になる学校は**，幼稚園57，諸学校49（うち上級学校1，ギムナジウム1），成人教育機関・複数校，となっている。なお，州内でデンマーク系も含んで私立の一般教育学校は総計138校（うち10校はヴァルドルフ学校）である。デンマーク系学校は約35％ということになる[2]。

ドイツ連邦共和国は，2005年3月29日，「ボン・コペンハーゲン宣言50周年」を祝った。デンマーク首相アンドレアス・フォク・ラスムッセンと，ドイツ首相ゲルハルト・シュレーダーとが出席して，ゾンダーブルク城とフレンスブルクで祝典を行なった。また，少数者の理解と相互交流をはかるために，春と夏には，一連の行事が展開され，7月には全ヨーロッパ180人の少数者青年のセミナーが開かれている。現在，デンマーク系少数者は国際条約で保護される存在となっている。なかでも，「ヨーロッパ人権条約」，「欧州会議大綱条約（国内少数者の保護）」，「地方語・少数語憲章」である。シュレスヴィヒ・ホルシュタインのデンマーク系少数者問題は，その意味で，これらヨーロッパにおける少数者の文化・教育保護の先駆だったのである[3]。

イェンス・ニュダールは，ワイマール共和国時代の首都ベルリンで**教育長**として，高度な「教育行政思想」の下に新教育を推進・発展させていった。だが，戦後ニュダールの，シュレスヴィヒ・ホルシュタインにおける活動は，これに勝るとも劣らない，否，むしろ教育・文化をより広い「ヨーロッパ精神」の中に位置づけながら発展させていったと言いうるのである。学校教育，職業教育，民族語民族文化教育を，ヨーロッパ諸国・諸民族の政治的，文化的共存

---

[2] Duggen, Hans/Wewer, Göttrik (Hrsg.): Schleswig-Holstein-Lexikon. Gesellschaft-Wirtschaft-Politik-Kultur. Opladen: Leske + Budrich, 2002, S. 278. およびドイツ外務省 HP http://auswaertiges-amt.de/www/de/eu_politik/a 参照。

[3] Ebenda.

の中に置きながら，保障しようとしたその活動は，すぐれて今日的な意義をもつものだと言えるであろう。

―――――――

　この一文を執筆している最中の2006年2月4日，イスラム教預言者ムハンマドの風刺漫画をデンマーク紙が掲載したこと（2005年9月）に抗議するイスラム教群衆が，シリアのデンマーク大使館に放火した。ドイツのメルケル首相は，7日，西欧諸国とイスラム諸国「双方の対話による解決」を求めた。いま，諸民族の共存と相互理解が，グローバルに求められている。そして，政治的・教育的問題のみならず，文化的アイデンティティー，なかでもその中心に位置する「宗教」をめぐって諸民族の相互理解と平和的共存の課題が私達に突きつけられている。イェンス・ニュダールの戦後の活動を解明しながら，彼の取り組んだ課題は，現代の国際的な相互理解の課題と通ずるものがあると認識するのである。

あとがき

　今，私のつたない研究が出版されようとしている。「はじめに」で述べたねらいは達成できているだろうか。これについての評価は，本書を読んで下さる方々の厳しいご判断に委ねたいと思う。だが，筆者のドイツ・ベルリンにおける在外研究（2005.4〜2006.3）の成果がこのような形で公になるのは，一研究者として嬉しいことである。

　「はじめに」でも述べたが，本書の主要部は，ドイツ・ベルリンに赴いて初めて明らかになったテーマを現地で調査し，邦語文献もほとんどない状況の中で感動と記憶の薄れぬ裡に兎も角も記録しておこうと，資料集のつもりで執筆したものである。イェンス・ニュダールという人物の戦後史を追って行く中で思いもかけず逢着した「デンマーク系少数者教育問題」という大きなテーマに，ドイツでいきなり迫るのは無謀とも思えたが，これも私とベルリン新教育とを結ぶ運命であろうと思い定め，研究滞在の後半はこの問題に掛かりきりになった。

　シュレスヴィヒ市の州立公文書館で半世紀前の議事録を繰っていくと，この静かな北辺のシュライ（峡湾）の町で，敗戦後ドイツの国境とデンマーク系少数者の民族的アイデンティティーをめぐる厳しい闘いが展開されていた様子が次第に目に浮かんで来る。大聖堂の辺りは市の高台で，夜には晩秋の冷たい風が吹き荒れていた。このシュレスヴィヒで，ニュダールはどのような思いでデンマーク系少数者問題と向き合い，リューデマンとどんなシュレスヴィヒ・ホルシュタインの未来像を描いたのだろうか。また，他方のデンマーク系少数者は，このニュダールという人物をどう考えていたのだろうか。少なくとも彼ら

は、初めはこの「ベルリン」からやってきた「北シュレスヴィヒ出」の能吏を、かつてシュレスヴィヒを服属、同化させたプロイセンの流れをひく「キール政府の一員」として厳しく見ていたのであったろう。だが、問題と静かに向き合い、シュレスヴィヒの地で少数者の生活に接しながら、一方で対外的には占領国の英国、英軍、また少数者代表と交渉を重ね、他方で、対内的には少数者の権利保障と彼らの文化保護、教育振興をはかりながら、少数者の政治的、文化的自立を粘り強く探るニュダールの姿勢は、次第に彼らの信頼を得ていったのではないだろうか。そのような姿勢が、「キール政府」に対して強硬派で知られるミュンホウをして、キール会談の結果を「満足である」と言わしめたのであろう。(ニュダールはベルリン時代に再婚しているが、そのことを故郷の母に中々切り出せなかった。再婚を逸速く新聞報道で知った母が彼を窘めにベルリンを訪れた由である。)

　帰国して日本の研究に当たったが、歴史学、政治学分野で「シュレスヴィヒ問題」に関するいくつかのすぐれた研究に接したが、教育史分野も含めて「ドイツのデンマーク系少数者教育問題」の研究はほとんど見出せなかった。そこで私は、この問題を知っていただくことを最優先として、まず私の大学の紀要に元原稿を発表し、その後不十分なところや誤り、誤解等を新たに調べて修正・補足して本書にまとめた次第である。

　　拙稿「ニュダールとデンマーク系少数者教育問題」(『中京大学教養論叢』
　　　　第47巻第1号、2006年7月)

　本書によって、ドイツの教育にこのような問題が存在していた(いる)ということを知っていただくことができれば、私の最低限の目標は果たされたということになる。

思えば私は，先のベルリン（西）滞在において（1989.8〜1990.8）「ベルリンの壁崩壊」（1989.11.9）と東欧民主化を現地ベルリンそして東欧で目の当たりに体験し，私のそれまでの学校枠内での新教育研究を国内的国際的ネットワーク，そしてより広い民族と文化，社会的広がりの中で見通す視座を得た。そしてこの度のベルリン滞在において，新教育を戦後教育，デンマーク系少数者教育問題，それとNATO体制との関連，さらにドイツの教育をヨーロッパ枠組みの中で検討する必要性を自覚するに至った。私は，今回の研究を通して研究領野が大きく広がったことを実感している。しかし，そのことは裏返せば，私の研究の未熟さを物語るものである。いずれにしても，私は今，ベルリン新教育を「国民国家」ドイツにおける民族，宗教，アイデンティティーの確立との関連で究明するという新たな課題の前に立っていると自覚している。

本研究をすすめるにあたっては，私のドイツにおける研究滞在の保証人となって下さったベルリン自由大学のクリストフ・ヴルフ教授（博士）(Prof. Dr. Christoph Wulf, 歴史的教育人間学）にまずもって感謝と御礼を申し上げたい。氏は，私に研究室を与えて下さると共に，博士論文コロキウムにお招き下さるなど，私の研究万般の便宜を図って下さった。コロキウムならびに氏の主宰する「教育的人間学研究学会」大会に参加して，私は，新教育を哲学的人間学的に研究する必要性を学んだ。氏の大らかで温かい研究援助に対して心より感謝と御礼を申し上げる。また，ポツダム大学のハンノ・シュミット氏 (Prof. Dr. Hanno Schmitt, 前ドイツ教育学会教育史部門長) は，私の研究の意義を認め，現地に赴いて第一次資料を駆使すべきだと助言して下さった。氏に励まされて私は，シュレスヴィヒ・ホルシュタイン州の文書館を訪れることになるのだが，これによって私の研究は大きく進展したと思う。ベルリン自由大学のミカエル＝ゼーレン・シュッパン氏 (Dr. Michael-Sören Schuppan)，トビアス・リュルカー氏 (Prof. Dr. Tobias Rülcker) からも有益な助言をいただいた。ドイツ教育学会教育史文書館長クリスチアン・リツィ氏 (Christian Ritzi) のところで

は，貴重な資料を閲覧しまた研究大会でもお世話になった。さらに，旧知のゲルト・ラッデさん（Dr. Gerd Radde，元ギムナジウム視学官）は，ベルリン新教育全般についてお話をして下さった。ご自宅を訪ねたとき，ラッデさんはアメリカのソーニャ・カルゼンさん（フリッツ・カルゼンの娘さんで，現在はアメリカの大学教授（退職））に電話を入れて下さり，お陰で私もソーニャさんと話をすることができた。カルゼン研究を通して知り合った氏には，もう20年にわたってお付き合いいただいているが，いつも変わらぬ温厚で親切な方である。このラッデさんご夫妻をはじめ，私と妻のベルリン滞在中お世話になった旧知・新知（？）のドイツ人，日本人の方々（なかでも特に私たちのベルリン生活にご配慮下さったFrau Eiko Zechlin さん，ドイツ語校正をして下さったYuko Stier さん）にも感謝と御礼を申し上げたい。

　今回私は，ドイツのいくつかの公文書館，図書館を訪れ，あるいは文献サービスによって資料を閲覧・利用することができた。まず，本問題に関する原資料の存在するシュレスヴィヒ・ホルシュタイン州立公文書館とシュレスヴィヒ・ホルシュタイン州立図書館，そしてブランデンブルク州立中央公文書館，プロイセン枢密文書館，ベルリン州立公文書館，ドイツ教育学会教育史文書館，国立ベルリン図書館（Unter den LindenとPotsdamer Straße），ベルリン自由大学総合図書館・教育学部図書館・法学部図書館・政治学部図書館・歴史学部図書館などである。さらにSPD（社会民主党）とSSV（「南シュレスヴィヒ協会」），SSW（「南シュレスヴィヒ選挙連盟」）に関してはベルリンのSPDヴィリー・ブラント館（党本部）とボンの文書館，フレンスブルクのSSV会館，SSW本部と文書館である。本書に掲載したクラウゼンとミュンホウの写真は，同連盟書記Gerhard Jessen氏のご配慮によるものである。以上の文書館・図書館関係各位に改めて御礼を申し上げる。特に，シュレスヴィヒの州立公文書館員Dr. Elke Strang さんには，資料利用の便宜を図っていただいたに留まらず，州首相府への紹介や情報探索など，研究者のためを思った親身なご援助をいた

だいた。この場を借りて厚く御礼を申し上げたい。(なお，今回公文書館，図書館等を訪れて実感したことは，ドイツの図書館，公文書館が，研究のために最大限のサービスを行なっていること，東西ドイツ統一によって今までは利用困難だった資料にも容易にアクセスできるようになったこと，そして資料の電子化とコンピューターサービスの普及，加えて図書館の公開性と「展示」の充実ぶりである。これらは日本の図書館事情と比べて格段に優れていると感じた。日本でも見習いたいものである。)

　本書は，学文社三原多津夫氏の特段のご配慮によって出版に至ることができた。氏のご英断，また，学術出版に対する使命感と，資料への慎重な姿勢に対し感謝と敬意を表し上げる。最後に，本書の編集作業のすべてを粘り強く進めて下さり，また，センスあふれるデザインで本書を仕上げて下さった編集部・落合絵理さんに心からの御礼を申し上げたい。

2007年2月，校正を終えて

小峰 総一郎

文 献

A. 未公刊資料

Ⅰ. シュレスヴィヒ・ホルシュタイン州立公文書館資料（Landesarchiv Schleswig-Holstein）
　1. ニュダール関係（Jens Nydahl）
　　(1) LAS Abt. 605 Nr. 4197
　　(2) LAS Abt. 761 Nr. 7215
　2. 州政府閣議関係（Landesregierung）
　　(1) LAS Abt. 605 Prot. Nr. 2
　　(2) LAS Abt. 605 Prot. Nr. 110
　　(3) LAS Abt. 605 Prot. Nr. 112
　3. 少数者と「キール宣言」関係（Dänische Minderheit, Kieler Erklärung）
　　(1) LAS Abt. 605 Nr. 392
　　(2) LAS Abt. 605 Nr. 472

Ⅱ. ブランデンブルク州立中央公文書館資料（Brandenburgisches Landeshauptarchiv）
　1. ニュダール関係（Jens Nydahl）
　　　Rep. 34 Pers. Nr. H 701
　2. 地方学務委員会：学校田園寮関係（Provinzialschulkollegium Berlin: Schullandheim）
　　　Rep. 34 Nr. 946, 949
　3. 地方学務委員会：中等教育再編問題 Rep. 34 Nr. 534

Ⅲ. ベルリン州立公文書館（Landesarchiv Berlin）
　1. ニュダール行政訴訟関係
　　　A Pr. Br Rep. 042-05
　2. 大ベルリン教育委員会関係
　　　A Rep. 020-01-01, 178

Ⅳ. プロイセン枢密文書館（Geheimes Staatsarchiv Preußischer Kulturbesitz, Berlin）
　1. Nachlass Adolf Grimme, Nr. 1997
　2. Handbuch für die Provinz Schleswig-Holstein : Bearbeitet im Büro des Oberpräsidium. Kiel, 1925.

B. 公刊資料

- Biehl, Hans-Hinrich: Minderheitenschulrecht in Nord- und Südschleswig. Die dänische Grenze in seiner Entwicklung seit 1945. Hamburg 1960 (Veröffentlichungen des Instituts für Internationales Recht an der Universität Kiel 44)
- Bonde, Bettina/Homeyer, Immo von: „Wahlrecht, Wahlsystem und Wahlergebnisse in Schleswig-Holstein". In: Weber, Göttrik (Hrsg.): Demokratie in Schleswig-Holstein. Historische Aspekte und aktuelle Fragen. Opladen: Leske + Budrich, 1998
- Buchholz, Friedrich: „Jens Nydahl. Erinnern, Dank und Gruss". In: Berliner Verband der Lehrer und Erzieher (Hrsg.): Berliner Lehrerzeitung, Nr. 2/ 1958, Berlin 1958
- Carstens, Uwe: „Parteiendemokratie in Schleswig-Holstein". In: Göttrik, Weber (Hrsg.): Demokratie in Schleswig-Holstein. Historische Aspekte und aktuelle Fragen. Opladen: Leske + Budrich, 1998
- Danker, Uwe: Südschleswig 1945 – 1955. Vom letzten Kampf um Südschleswig zum dauernden Grenzfrieden. (Landeszentrale für politische Bildung Schleswig-Holstein (Hrsg.): LABSKAUS, Nr. 7), Kiel 1997
- Duggen, Hans/Wewer, Göttrik (Hrsg.): Schleswig-Holstein-Lexikon. Gesellschaft-Wirtschaft-Politik-Kultur. Opladen: Leske + Budrich, 2002
- „Ein Europäer in Nordschleswig. Stationen eines Lebensweges: Jens Nydahl wird 80 Jahre alt". In: Volkszeitung-Kieler Morgenzeitung vom 26. Januar 1963
- Fink, Troels: Geschichte des schleswigschen Grenzlandes. Kopenhagen, 1958
- Hansen, Reimar: „Die historischen Wurzeln und die europäische Bedeutung der Kieler Erklärung vom 26.9.1949". In: Die Kontinentwerdung Europas. Berlin: Duncker & Humblot, 1995
- Haubfleisch, Dietmar: Schulfarm Insel Scharfenberg: Mikroanalyse der reformpädagogischen Unterrichts- und Erziehungsrealität einer demokratischen Versuchsschule im Berlin der Weimarer Republik. Teil 2, Wien: Peter Lang, 2001
- Hehlmann, Wilhelm: Wörterbuch der Pädagogik. Stuttgart: Kröner, 1971
- Höffken, Martin: Die "Kieler Erklärung" vom 26. September 1949 und die "Bonn-Kopenhagener Erklärungen" vom 29. März 1955 im Spiegel deutscher und dänischer Zeitungen: Regierungserklärungen zur rechtlichen Stellung der dänischen Minderheit in Schleswig-Holstein in der öffentlichen Diskussion. Frankfurt am Main; Berlin; Bern; New York; Paris; Wien: Lang, 1994. (Kieler Werkstücke: Reihe A, Beiträge zur schleswig-holsteinischen und skandinavischen

Geschichte; Bd. 13) Zugl.: Kiel, Univ., Diss., 1994
- Jäckel, Eberhardt: Die Schleswig-Frage seit 1945. Dokumente zur Rechtsstellung der Minderheiten beiderseits der deutsch-dänischen Grenze. Frankfurt am Main, Berlin: Alfred Metzner Verlag, 1959
- Jürgensen, Kurt: „Demokratische Neuanfang in Schleswig-Holstein unter britischer Besatzungsherrschaft 1945-1949". In: Weber, Göttrik (Hrsg.): Demokratie in Schleswig-Holstein. Historische Aspekte und aktuelle Fragen. Opladen: Leske + Budrich, 1998
- Kieler Erklärung. Zivile Konfliktbearbeitung: Eine zentrale Aufgabe für Friedensgestaltung und Friedensforschung. Kiel: Projektverband Friedenswiss., 1994
- Lange, Ulrich (Hrsg.): Geschichte Schleswig-Holsteins. Von den Anfängen bis zur Gegenwart. Neumünster: Wachholtz, 2. Auflage 2003
- Nydahl, Jens (Hrsg.): Das Berliner Schulwesen. Berlin 1928
- Nydahl, Jens: „Das Berliner Schulwesen". In: Tschentscher, Alfred: „Bericht über den Verlauf des Kongresses". In: Die neuzeitliche deutsche Volksschule. Bericht über dem Kongreß Berlin 1928. Berlin: Comenius-Verlag, 1928
- Nydahl, Jens: „Volksschule und Wirtschaft". In: Probleme der neuen Stadt Berlin, Berlin 1926
- Nydahl, Jens/ Dr. Franz Kramer/ Hans Würtz (Hrsg): Wandern und Wundern. Berlin: Dietrich Reimer/ Ernst Vohsen, 1932
- Petersen, Thomas Peter: Preußens Sprachenpolitik im Nordschleswig. 1995. (Münster Diss., 1994)
- Radde, Gerd: Fritz Karsen. Ein Berliner Schulreformer der Weimarer Zeit. Berlin: Colloquium Verlag, 1973
- Schuppan, Michael-Sören: „Jens Nydahl 1883-1967". In: Radde, Gerd/Werner Korthaase/Rudolf Rogler/Udo Gößwald (Hrsg.): Schulreform-Kontinuitäten und Brüche. Das Versuchsfeld Berlin-Neukölln Bd. II. 1945-1972. Opladen: Leske+Budrich, 1993 (Schuppan (1993 a))
- Schuppan, Michael-Sören: „Jens Peter Nydahl 1883-1967". In: Grenzfriedensbund (Hrsg.): Grenzfriedenshefte, Heft 1, 1993, Flensburg 1993 (Schuppan (1993 b))
- Schuppan, Sören: „Nydahl". Im Auftrag der Gesellschaft für Schleswig-Holsteinische Geschichte und des Vereins für Lübeckische Geschichte und Altertumskunde (Hrsg.): Biographisches Lexikon für Schleswig-Holstein und Lübeck, Bd. 10, Neumünster 1994
- Storm, Theodor: Immensee. (insel taschenbuch 732), Frankfurt am Main/ Leipzig: Insel Verlag, 1983

- Weber, Göttrik (Hrsg.): Demokratie in Schleswig-Holstein. Historische Aspekte und aktuelle Fragen. Opladen: Leske + Budrich, 1998
- Wikipedia, der freien Enzyklopädie (Hermann Clausen, Hermann Lüdemann, Samuel Münchow usw.)
- Wissel, Manfred: „Demokratie und Integration: Flüchtlinge und Vertriebene in Schleswig-Holstein 1945-1950". In: Weber, Göttrik (Hrsg.): Demokratie in Schleswig-Holstein. Historische Aspekte und aktuelle Fragen. Opladen: Leske + Budrich, 1998
- 小峰総一郎『ベルリン新教育の研究』風間書房, 2002年
- 坂井栄八郎「シュレスウィヒ・ホルシュタイン」Hitachi Digital Heibonsha, 1998
- 成瀬治・黒川康・伊東孝之『ドイツ現代史』山川出版社, 1990年
- ヘルガ・シュナイダー (高島市子・足立ラーベ加代訳)『黙って行かせて』新潮社, 2004年

C. URL

- http://auswaertiges-amt.com/www/de/eu_politik/aktuelles/zukunft/...（ドイツ外務省HP）
- http://landesregierung.schleswig-holstein.de/coremedia/（シュレスヴィヒ・ホルシュタイン州HP）
- http://www.flensburg.de/bildung/index.html（フレンスブルク市HP）
- http://www.ssw.de/www/de/index.php（南シュレスヴィヒ選挙連盟（Südschleswigsche Wählerverband: SSW）HP）
- http://www.geschichte-s-h.de/vonabiszindex.htm
- http://www.geschichte.schleswig-holstein.de/
- http://www.tatsachen-ueber-deutschland.de/2441.0.html/

補　遺

本書のテーマにつき，帰国後参照した主な文献は，以下の通りである。

1. デンマークについて

- 内村鑑三「デンマルク国の話」『後世への最大遺物　デンマルク国の話』所収，岩波書店，1976年改版
- 百瀬宏『北欧史』山川出版社，1998年
- 吉武信彦『日本人は北欧から何を学んだか――日本・北欧政治関係史入門』新評論，2003年

2. 民族問題について

- ジョージナ・アシュワイス編，辻野功ほか訳『世界の少数民族を知る事典』明石書店，1990年
- 綾部恒雄編『世界民族事典』弘文堂，2000年
- 井上俊ほか編『民族・国家・エスニシティ』（岩波講座現代社会学24）岩波書店，1996年
- 加賀美雅弘：「ハンガリーにおけるドイツ系少数集団と地域変化」『東京学芸大学紀要第3部門社会科学』第48集，1997年
- 田畑茂二郎ほか編『国際人権条約・宣言集』東信堂，1994年
- 松原正毅，NIRA編『世界民族問題事典　新訂増補』平凡社，2002年
- 宮島喬，梶田孝道編『マイノリティと社会構造』東京大学出版会，2002年
- 望田幸男「『ドイツ国民国家』批判とその問題水域」日本科学者会議『日本の科学者』第34巻第9号，1999年

3. シュレスヴィヒ問題

- 尾崎修治「シュレスヴィヒにおける住民投票（1920）――ドイツ系住民運動における国民意識と地域」上智大学大学院史学専攻院生会『紀尾井史学』第23号，2003年
- 小嶋栄一「シュレスヴィヒにおけるドイツ＝デンマーク少数民族問題」バルト・スカンディナヴィア研究会『北欧史研究』第8号，1990年
- 柴田隆行「『シュレスヴィヒ・ホルシュタイン問題』とシュタイン」『東洋大学紀要　教養課程篇』第35号，1996年
- 柴田隆行「シュトルムとシュレスヴィヒ・ホルシュタイン問題」『東洋大学紀要

言語と文化』創刊号，2001年

4. 教育問題

- アメリカ教育使節団編，藤本昌司ほか訳『戦後教育の原像：日本・ドイツに対するアメリカ教育使節団報告書』鳳書房，1995年
- 梅根悟ほか『ドイツ教育史』（世界教育史大系12）講談社，1976年
- 佐々木正治，松崎巌『北欧教育史』（世界教育史大系14）講談社，1976年
- 佐々木正治『デンマーク国民大学成立史研究』風間書房，1999年
- 柴田政子「アメリカ占領軍とドイツ諸州の改革交渉：単線型学校体系導入政策の背景と経緯」関西教育行政学会『教育行財政研究』第30号，2003年
- 土持ゲーリー法一『占領下ドイツの教育改革：アメリカ対独教育使節団とアメリカ対独社会科委員会』明星大学出版部，1989年
- 中野光ほか『戦後ドイツ教育史』御茶の水書房，1966年

5. 戦後問題

- 眞鍋俊二『アメリカのドイツ占領政策：1940年代国際政治の流れのなかで』法律文化社，1989年
- 小嶋栄一『アデナウアーとドイツ統一』早稲田大学出版部，2001年

6. 欧文文献

- Beger, Kai-Uwe: Migration und Integration: Eine Einführung in das Wanderungsgeschehen und die Integration der Zugewanderten in Deutschland. Opladen 2000
- Boelter, Astrid/Maletzke, Erich / Philipsen, Bernd (Hrsg.) : Schleswig-Holstein - Bilder erzählen Geschichte. Neumünster: Wachholtz 2006
- Bruns, Carl Georg: Minderheitenrecht als Völkerrecht. Breslau : J. U. Kern, 1928. (Zeitschrift für Völkerrecht; Ergänzungsheft 2 zu Bd. 14)
- Bruns, Carl Georg: „Die Garantie des Völkerbundes über die Minderheitenverträge. Eine Untersuchung ihrer völkerrechtlichen Struktur". In: Max-Planck-Institut für ausländisches öffentliches Recht und Völkerrecht (Hrsg.): Zeitschrift für ausländisches öffentliches Recht und Völkerrecht, Band 2 (1931)
- Gogolin, Ingrid/Nauck, Bernhard (Hrsg.): Migration, gesellschaftliche Differenzierung und Bildung. Opladen 2000
- Guido, Oebel: „Die deutschsprachige Minderheit in Dänemark". (『佐賀大学文化

教育学部研究論文集』第6集第2号, 2002年)
- Ibs, Jürgen Hartwig: Politische Parteien und Selbstverwaltung in der Provinz Schleswig-Holstein bis zum Ersten Weltkrieg. Neumünster: Wachholtz 2006
- Ibs, Jürgen H./Gesellschaft für Schleswig-Holsteinische Geschichte (Hrsg.): Historischer Atlas Schleswig-Holstein vom Mittelalter bis 1867. Neumünster: Wachholtz 2004
- Lagler, Wilfried: Die Minderheitenpolitik der schleswig-holsteinischen Landesregierung während des Kabinetts v. Hassel (1954-1963). Neumünster: Wachholtz 1962
- Lange, Ulrich/Gesellschaft für Schleswig-Holsteinische Geschichte (Hrsg.): Historischer Atlas Schleswig-Holstein seit 1945. Neumünster: Wachholtz 1999
- Lorenzen-Schmidt, Klaus-Joachim / Pelc, Ortwin (Hrsg.): Das neue Schleswig-Holstein Lexikon. Neumünster: Wachholtz 2006
- Momsen, Ingwer E./Gesellschaft für Schleswig-Holsteinische Geschichte (Hrsg.): Historischer Atlas Schleswig-Holstein 1867 bis 1945. Neumünster: Wachholtz 2001
- Pelc, Ortwin/Ibs, Jürgen H. (Hrsg.): Arme, Kranke, Außenseiter: Soziale Randgruppen in Schleswig-Holstein seit dem Mittelalter. Neumünster: Wachholtz 2005

Die »Dänen« in Deutschland:

Jens Nydahl（1883-1967）und das Schulrecht für die dänische Minderheit in Schleswig-Holstein während der Nachkriegszeit

von

Prof. Dr. Soichiro KOMINE

GAKUBUNSHA-Verlag, Tokio

2007

Inhaltsverzeichnis

Vorwort

I. Kapitel: Mein wissenschaftliches Motiv — Jens Nydahl und seine Tätigkeit in seinem Heimatland Schleswig-Holstein während der Nachkriegszeit

1. Der Beginn
2. Das Lebensbild Jens Nydahls in der Zeit der Weimarer Republik
3. Eine Skizze von Friedrich Buchholz über Nydahl während der Nachkriegszeit in Schleswig-Holstein

II. Kapitel: Schleswig-Holstein. Die Geschichte und die dänische Minderheit

1. Herzogtum Schleswig und Herzogtum Holstein: Unter der dänischen Krone
2. a. Der Streit zwischen Dänemark und Preußen um Schleswig
   b. Die Regierungspolitik Dänemarks und Preußens
3. Dänische und deutsche Sprachpolitik
4. Volksabstimmung im Jahre 1920 und die jeweiligen Minderheiten im deutsch-dänischen Grenzland

III. Kapitel: Die „Neudänentum-Bewegung" und die Forderung der Abtrennung „Südschleswigs" von Deutschland

1. Kiel
2. Die Flüchtlinge in der Nachkriegszeit
3. Die „Neudänentum-Bewegung" und die Forderung der Abtrennung „Südschleswigs" von Deutschland

IV. Kapitel: Die dänische Minderheit. Ihre politische, kulturelle und schulische Entwicklung in Schleswig-Holstein

1. Das Prinzip des freien Bekenntnisses („subjektives Kriterium")
2. Die britische Schulpolitik für die dänische Minderheit
3. „Die schleswig-holsteinische Verordnung vom 1. August 1947" und die Reaktion der Minderheit

V. Kapitel: Die Londoner Round-Table-Konferenz, 18-23.10.1948

1. Die Kabinettsizung der Landesregierung
2. Die Londoner Round-Table-Konferenz, 18-23.10.1948
3. a. Der Vorschlag der britischen Regierung zur Durchführung einer direkten Verhandlung zwischen der deutschen Landesregierung und der dänischen Minderheit
   b. Das Schulgesetz für Schleswig-Holstein 1949
4. Die Landesregierung Schleswig-Holsteins und die Anstellung Jens Nydahls als Landesdirektors

VI. Kapitel: Zwei Vorschläge der dänischen Minderheit: „Entwurf zum Gesetz zur Regelung des dänischen Schulwesens in Südschleswig" und „das Memorandum" über das bürgerliche Recht der dänischen Minderheit (3.3.1949)

1. Das Amt des „Landesbeauftragten für Schleswig"
2. Die Vorschläge der dänischen Minderheit

VII. Kapitel: Ein Gegenvorschlag der Landesregierung Schleswig-Holsteins

1. Die Annahme der „Kieler Verhandlung" und die entsprechenden Maßnahmen der Minderheit und der Landesregierung
2. Der Gegenvorschlag der Landesregierung von Schleswig-Holstein

VIII. Kapitel: Kieler Verhandlungen (29.3.1949-7.7.1949)

1. Die Kieler Verhandlungen. Ihre Gestaltung, die Teilnehmer und wichtge Diskussionsthemen
2. Kieler Verhandlungen. Die jeweiligen Sitzungen

IX. Kapitel: Die „Kieler Erklärung" vom 26.9.1949, die „Bonn-Kopenhagener-Erklärungen" vom 29.3.1955 und Jens Nydahls Tätigkeit im Grenzland Schleswig-Holstein

1. Die „Kieler Erklärung" vom 26.9.1949
2. „Kopenhagener Protokoll" vom 27.10.1949 und die „Bonn-Kopenhagener-Erklärungen" vom 29.3.1955

3. Jens Nydahl und das Schulrecht für die dänische Minderheit

X. Kapitel: Schluss

Nachwort
Literatur
Zeittafel von Jens Nydahl
Register

Zusammenfassung

Der Titel des Buches lautet: „**Die »Dänen« in Deutschland: Jens Nydahl und das Schulrecht für die dänische Minderheit in Schleswig-Holstein während der Nachkriegszeit**".

Jens Nydahl (1883-1967) war von 1926 bis 1933, während der zweiten Hälfte der Weimarer Republik, als Berliner Stadtschulrat tätig. Es ist besonders bemerkenswert, dass Nydahl eine entscheidende Rolle für die **Reformpädagogik** der Weimarer Zeit spielte. Trotz der schlechten Finanzsituation förderte die Berliner Behörde für Bildungsverwaltung, unter seiner Leitung, die Mittel für Bildung, Sozialfürsorge und Kultur. Es wurden beachtliche Gelder zur Verfügung gestellt, unter anderem für die Gründung der „Diesterweg-Hochschule", welche Berliner Lehrer weiterbilden sollte, oder auch für die Neugründung städtischer Schullandheime.

Nydahl erreichte, dass in den Volksschulen die Anzahl der Schüler einer Klasse auf 33 gesenkt wurde, und schuf außerdem Arbeitsplätze für junge Lehrerinnen und Lehrer. Heilpädagogik und Werkunterricht wurden unter seiner Verwaltung in hohem Maße gefördert. Hinzu kommt, dass die große Anzahl der Tischtennistische auf Initiative Jens Nydahls zurück zu führen ist, da er öffentliche Gelder dafür bereitstellte.

Während des Nationalsozialismus wurde Nydahl seines Amtes enthoben und er war bis zum Ende des Zweiten Weltkriegs als Handelsvertreter tätig. Nach dem Zusammenbruch 1945 wurde ihm von der sowjetischen Besatzungsmacht das Amt des Bezirksbürgermeisters von Berlin-Tempelhof zugeteilt. Danach berif ihn die Landesregierung von **Schleswig-Holstein** nach Kiel in das Amt des Landesdirektors (Oktober 1947). Ein Jahr später trat er das Amt des **Landesbeauftragten für Schleswig** an (Oktober 1948). Hier befasste er sich mit den politischen, kulturellen und schulischen Fragen der **dänischen Minderheit**.

Schleswig-Holstein stand damals unter britischer Besatzung. Zeitgleich formte sich im Landteil Schleswig die „**Neudänentum-Bewegung**" der dänischen Minderheit, welche von der Besatzungsmacht unterstützte wurde. Die Dänen und die dänischgesinnte Bevölkerung bekannten sich nun als »Dänen« und traten kollektiv in den **Südschleswigschen Verein (SSV)** ein. Er forderte, dass „**Südschleswig**" (der südliche Teil Schleswigs) von Deutschland abgetrennt und wieder Dänemark zugehörig würde. Außerdem sollten die dänischsprachigen öffentlichen Kommunalschulen in „Südschleswig" weiterhin betrieben werden, und das bürgerliche Recht der dänischen Minderheit gesichert werden.

Schleswig-Holstein hat tatsachlich eine lange und schwere Geschichte hinter sich. Bereits im Mittelalter existierten die Herzogtümer „Schleswig" und „Holstein", doch damals gehörten diese noch zu Dänemark. Im 19. Jahrhunderte entfachte man einen Streit zwischen Dänemark und Preußen, bei dem es um die Zugehörigkeit der besagten Gebiete ging. In Folge des Sieges des Preußens über Dänemark und Österreich, wurde im Jahre 1867 **die preußische „Provinz Schleswig-Holstein"** gegründet. Für die dänische Bevölkerung wurde eine strenge **deutsche Sprachpolitik** in Schulen, Kirchen und Gerichten eingeführt, unter anderem die „Anweisung für den Unterricht in den nordschleswigschen Volksschulen" (Die „88er Verfügung") .

Doch im Jahre 1920, nach dem Ersten Weltkrieg, fiel „Nordschleswig" (der nördliche Teil Schleswigs) infolge einer **Volksabstimmung** wieder an Dänemark zurück.

In der Nachkriegszeit wurde Schleswig-Holstein, vor allem Schleswig (**„Südschleswig"**), von ungefähr einer Million **Flüchtlingen, Vertriebenen und Evakuierten** überlaufen. Hinzu kamen über eine Million entwaffnete deutsche Soldaten, welche bis April 1946 in Eiderstedt, Dithmarschen und Ostholstein untergebracht worden waren.

Die ursprünglich erwartete Bevölkerungzahl Schleswig-Holsteins von einer Million wurde nun um mehr als das zweifache überschritten.

Die Flüchtlinge siedelten überwiegend in den ländlichen Regionen an, was dort zum allgemeinen Mangel an Lebensmitteln, Wohnungen und Arbeitsplätzen führte. Konflikte zwischen Einheimischen und Flüchtlingen häuften sich.

Kurz nach Ende des Zweiten Weltkrieges sah die britische Besatzungsmacht die Dänen und die dänischgesinnte Bevölkerung als Träger der Demokratisierung Deutschlands und unterstützte ihre Bewegung. Dänischsprachige Schulen wurden von Dänemark und den Alliierten gefördert. Sowohl »Dänen« als auch die dänischgesinnten Bürger traten in den **Südschleswigschen Verein (SSV)**, einen dänischen Verein, ein. Aufgrund der Mitgliedschaft im SSV („objektives Kriterium") konnten sie ihre Kinder nun in die dänischsprachigen Schulen schicken.

Die Mitgliederzahlen des SSV, dänische Stimmen bei den Wahlen und die Anzahl an dänischen Schulen und Schülern nahmen erstaunlich schnell zu (vgl. Biehl,

Hans-Hinrich: *Minderheitenschulrecht in Nord- und Südschleswig. Die dänische Grenze in seiner Entwicklung seit 1945.* Hamburg 1960).

1. Mitglieder im SSV (1945-1948)

Jahr	1945	1946	1947	1948
Mitglieder	2,728	11,801	66.317	74,683
Vergleich zum Jahr 1945	1	4.3	24.3	27.3

Vgl.Biehl (1960)

2. Dänische Stimmen bei den kommunalen Wahlen

Jahr	1933	1946	1947
Stimme	4,658	82,092	99,500
Vergleich zum Jahr 1933	1	17.6	21.4

Ebenda

3. Dänische Schulen und Schüler in "Südschleswig"

Jahr	1936	1945	1946	1947	1948
Schulen	10	9	36	50	60
Vergleich zum Jahr 1936	1	0.9	3.6	5.0	6.0
Schüler	942	436	5,185	9,160	14,128
Vergleich zum Jahr 1936	1	0.5	5.5	9.7	15.0

Ebenda

Aufgrund dieses Anstieges der Anzahl der „Dänen", und mit der Unterstützung von Dänemark selber, forderte der SSV die Wiedereingliederung „Südschleswigs" zu Dänemark und das Weiterleben der dänischsprachigen öffentlichen Kommunalschulen in Südschleswig. Doch die britische Regierung lehnte dies ab und schlug eine direkte Verhandlung zwischen der deutschen Landesregierung und der dänischen Minderheit (**Londoner Round-Table-Konferenz, 18-23.10.1948**) vor.

Daraufhin verfasste der SSV den „**Entwurf zum Gesetz zur Regelung des dänischen Schulwesens in Südschleswig**" und ein „**Memorandum**" über das bürgerliche Recht der dänischen Minderheit (März 1949). In diesem Schreiben wird **das Prinzip des freien Bekenntnisses** („**subjektives Kriterium**"), welches die preußische Regierung schon in der Weimarer Zeit den Minderheiten in Preußen zugesichert hatte (31.12.1928), das Schulrecht und das bürgerliche Recht für die Minderheit gefordert.

Im Jahre 1947 hatte die Landesregierung Schleswig-Holsteins, unter der Leitung **Hermann Lüdemanns**, den ehemaligen Berliner Stadtschulrat **Jens Nydahl** als Landesdirektor nach Schleswig-Holstein berufen. Nydahl selbst war im Jahre 1883 in „Nordschleswig" geboren, und sah somit die Minderheitenfrage nicht nur amtlich, sondern hatte auch ein persönliches Interesse. Gegen den Vorschlag der dänischen Minderheit verfassten nun Dr. Richard Schenck (Minister für Finanzen), Jens Nydahl (Landesbeauftragter für Schleswig) und Dr. Lauritz Lauritzen (Landesdirektor) den Gegenentwurf der Landesregierung.

Die Kieler Verhandlungen (29.3.1949-7.7.1949) fanden unter dem Vorsitz des großbritannischen Gouverneurs, William Asbury, und dem Beisitz des dänischen Verbindungsoffiziers, Hans Mathiesen Lunding, statt. Die Seite der dänischen Minderheit, vertreten u. a. durch **Hermann Clausen** (ehemaliger Bürgermeister von Schleswig, später Bundestagsabgeordneter), und **Samuel Münchow** (Landtagsabgeordneter), forderte das Prinzip des freien Bekenntnisses, das bürgerliches Recht der Minderheit, das Weiterleben der dänischsprachigen öffentlichen Schulen und die finanzielle Unterstützung der dänischsprachigen Privatschulen durch die Landesregierung. Die Seite der Landesregierung, u. a. Schenk, Nydahl und Lauritzen, nahm das Prinzip des freien Bekenntnisses an und schlug wiederum eine einseitige Erklärung der Landesregierung über die Sicherung des bürgerlichen Rechts der dänischen Minderheit vor.

Die Kieler Erklärung von 26.9.1949 setzte fest, dass die Bekenntnis zur dänischen Gesinnung frei sei und weder angezweifelt noch überprüft werden dürfe. Nach dieser Erklärung durch die Landesregierung Schleswig-Holsteins wurden **die Bonn-Kopenhagener-Erklärungen am 29.3.1955** von Deutschland und Dänemark geäußert. Sie sollten die beiderseitige Durchführung der politischen, kulturellen und schulischen Rechte der dänischen und deutschen Minderheiten sichern und beinhalteten die Aufhebung der „5 %-Klausel" im Landeswahlgesetz für die dänische Minderheit.

Danksagung:
Wesentliche Hilfen für diese Studie verdanke ich meinem ehemaligen Betreuer Herrn Prof. Dr. Christoph Wulf (Freie Universität Berlin), Herrn Prof. Dr. Hanno Schmitt (Universität Potsdam), Frau Dr. Elke Strang (Landesarchiv Schleswig-Holstein), Herrn Christian Ritzi (Bibliothek für Bildungsgeschichtliche Forschung), Herrn Gerhard Jessen (Südschleswigscher Wählerverband: SSW) und Herrn Winfried Arndt (Schleswig-Holsteinische Landesbibliothek).

年　表

ニュダール年譜
(Jens Nydahl, 1883-1967)

年月日	年齢（歳）	事項
(A) トンデルン時代		
1883.1.27	0	・北シュレヴィヒ，トンデルン郡，クラウルント村（現在はデンマーク国）生（12人兄弟姉妹）
		・グランデルプ（デンマーク名ブロデルプ）の単級民衆学校に通う
		そこである優れた教員と出会う
1893	10	・兄と共に隣村のエッゲベクの農家へ
		この養親が利発な少年ニュダールを庇護，促進
1899	16	・アペンラーデ師範学校予科入学（養親の勧め，父母も承認）
		・両親との早い別離（兄とニュダール：ドイツ親近感，姉妹と両親：デンマーク親近感）
1901	18	・予科を了え，トンデルンの師範学校本科へ進学
		ルンケル教授と出会う（後のドイツ人民党国会議員）
		彼がニュダールの教育的感受性を育てた
1904	21	・トンデルン師範学校卒業，デンマーク国境近くホイルプの小学校教員試補
1906.秋	23	・第二次教員試験に合格し，アルトナの正教員となる
1908.秋	25	・中間学校教員試験合格（シュレスヴィヒ地方学務委員会PSKにて）
1909.4	26	・アルトナで中間学校教員
1910.秋	27	・ルンケル教授の助言で2年間の休職
1911.6	28	・小学校校長試験合格
		ポーゼン・アカデミーへ
1912.9	29	・師範学校教員養成学問コース試験合格
		ベルガー高等実科学校への就学を許される（ポーゼンPSKにより）
1913.3	30	・同校で他校生としてアビトゥーア試験合格
(B) ベルリン時代		
1912.6	29	・ノイケルン市女子中間学校教員応募
1913.4	30	・同校教員
1913.夏	30	・ベルリン大学，ハンブルク大学に学ぶ
｜	｜	（哲学，ドイツ語・ドイツ文学，英語学）
1914.夏	31	
1914.夏	31	・第一次世界大戦応召
｜	｜	ロシアへ歩兵

年月日	年齢（歳）	事　項
1916	33	のち，主計将校となり，ダンチヒで経理部へ
1918.秋	35	・ダンチヒで病気（結核）
1918.11	35	・ワイマール革命起こる
1918.12	35	・ダンチヒ労兵評議会代表としてベルリンの労兵評議会大会へ 　　本大会で議会主義の投票 　　　　大戦前から SPD（社会民主党）近し。入党もしていたか
1918.12	35	・ノイケルンに復職 ・「社会主義教員連合」共同設立
1919.9	36	・ノイケルンの福音派小学校校長
1919.5	36	・ノイケルン市（後に大ベルリンへ編入）の視学・郡視学
1921.10	38	・大ベルリン市庁教育委員長（Magistrats-Oberschulrat），公立学校部門委員長（Dezernent für das Gemeindeschulwesen）
1926	43 ｜ 大ベルリン教育長 ｜	・大ベルリン教育長（Stadtschulrat） 　　・政治的に近しい友の協力を引き出す 　　・全改革勢力の力を引き出す 　　・反対党派の強力な抵抗に抗して 　　　　　　　↓ 　　ディースターヴェーク大学官民共同設立・運営，特殊教育制度，職業教育制度，視聴覚教育，演劇・芸術促進 　　市立学校田園寮建設促進，等 　　　（それらは，ニュダール編『ベルリン教育制度』1928，に表れている。多様な学校ならびに教育の可能性が本書に網羅されている）
1933.3.14	50	・ナチスにより休職を命ぜられる
1933.9	50	・官吏任用法第4項により解職 　　　　　　｜ ・この時期，ワイン商，広告取りとして生計を立てる
(C) キール，シュレスヴィヒ時代		
1945.5	62	・ドイツ敗戦，ベルリン・テンペルホフ区長をソ連占領軍により任命さる
1946	63	・同職を区は全員一致で選任
1947.10	64	・シュレスヴィヒ・ホルシュタイン文部省長官（Landesdirektor im Ministerium für Volksbildung）,

年月日	年齢（歳）	事　項
1948.10	65	同州の学校制度，教員養成制度整備のため SPD リューデマン政権に招かれる。キール市 ・シュレスヴィヒ全権委員（Landesbeauftragter für Schleswig）となりシュレスヴィヒ市へ 　・同職は州首相直属 　・「南シュレスヴィヒ」（ドイツ）のデンマーク系少数者の文化権，教育権要求に対応 　・「北シュレスヴィヒ」（デンマーク国）のドイツ系少数者の文化権，教育権要求に対応 　・シュレスヴィヒの経済・社会・文化問題に取り組む （当時，約100万人の避難民急増の中，デンマーク系少数者のデンマーク人告白運動＝「新デンマーク運動」とシュレスヴィヒのデンマーク復帰運動が活発に展開されていた） ｜ ニュダールの国境地方での活動 人々の物質面の充足，精神の鼓舞 ↓ 調停の方向へ
1949.3.29 - 7.7	66	・キール会談を主導 デンマーク系少数者とシュレスヴィヒ・ホルシュタイン州政府とによる，デンマーク系少数者の文化権，教育権をめぐる会談。3回の本会談と2回の専門家会談とから成る。ニュダールは主として「専門家会談」を主導 　　Ⅰ-①本会談（1949.3.29） 　　Ⅰ-②専門家会談（1949.4.21 - 22） 　　Ⅱ-①本会談（1949.5.4） 　　Ⅱ-②専門家会談（1949.6.16 - 17） 　　Ⅲ本会談（1949.7.7） ↓
1949.9.26	66	「キール宣言」（Kieler Erkläung, 1949.9.26） デンマーク系少数者のデンマーク人告白に，それまでの「客観基準」を否定，「主観基準」を受け入れる（「自由表明主義」）。少数者のデンマーク系学校設立・就学の自由，州政府補助を定める。→「ボン・コペンハーゲン宣言」（1955.3.26）の土台

年月日	年齢（歳）	事　項
1950.3	67	・ドイツ国境地方平和活動同盟設立［議長 1950－1961］ （Bund für deutsche Friedensarbeit in Grenzland＝国境平和同盟：Grenzfriedensbund） 　　目的：①北シュレ・ドイツ人のアイデンティティ 　　　　　②南シュレ・デンマーク人の平和的同権の実現 　　　　　文化活動：文庫設立，芸術促進（北境交響楽団 Nordmark-Symphonie-Orchestra 設立） 　　　　　　　　‖ 　　　　　フレンスブルク市に重要な意義
1950.9	67	・CDU バルトラム政権に交代。同政権は持続的援助せず，ニュダールの理想の実現困難
1951.5	68	・7月1日付での退任（バルトラム首相の希望通り）を表明－直ちに取り上げられる その後，民間レベルでドイツ・デンマーク国境地方の平和と和解に貢献
1961	78	・国境平和同盟議長退任，名誉議長 ・その後，ベルリン教育大学教育史講師（非常勤）歴任
1967.3.19	84	・キールにて没

（Höffken, Radde, Schuppan 等を参照）

シュレスヴィヒ関係略年表

中世初期より	・シュレスヴィヒ公国，ホルシュタイン伯国（のち1474公国） 　　シュレスヴィヒ公国―デンマーク支配 　　ホルシュタインにドイツ人入植―ドイツ支配（神聖ローマ帝国） 　　両国は14世紀以来同君連合。のち，デンマークが両公爵を兼ねる ・デンマーク，シュレスヴィヒのデンマーク併合を宣言
1848	・第一次シュレスヴィヒ戦争
1848～51	ドイツ主義者，シュレスヴィヒのドイツ連邦化をはかるが失敗。 　→プロイセン軍，連邦軍撤退。キール政府見棄てる→デンマーク勝利で分離の夢終わる（1852.5.8 ロンドン条約）
1863～64	・第二次シュレスヴィヒ戦争 　シュレスヴィヒ・ホルシュタインはプロイセンとオーストリアの共同統治。北の小部分はデンマークに残る。ひきかえにフリースランド等は放棄 　（1864.10.30 ウィーン条約）＝デは3公爵領すべて失う
1865.8.14	・ガスタイン協定で普・シュレスヴィヒ支配，墺・ホルシュタイン支配
1866	・普墺戦争（8.23 プラハ条約）＝墺，シュ・ホ権放棄，普，シュ・ホ併合
1867	・**シュレスヴィヒ・ホルシュタイン全体がプロイセンの州（Provinz）に**
1871	・ドイツ帝国へ
1888	・「北シュレスヴィヒ言語教育令」
1914-1918	・第一次世界大戦
1918.11	・ワイマール革命
1920.2.10,3.14	・シュレスヴィヒで住民投票 　独語都市アペンラーデ，ハダースレーベン，トンデルンを含む北シュレスヴィヒはデンマーク領に［第1ゾーン］，フレンスブルクを含む地域はドイツ領［第2ゾーン］，第3ゾーンは投票せず，ドイツ領のまま
1945	・戦後引揚者とハンブルク爆撃者の移住地へ 　1939（人口160万人）―1949（270万人）
1946.8.23	・独立州シュレスヴィヒ・ホルシュタイン
1949.9.26	・キール宣言（Kieler Erklärung, 1949.9.26） 　州政府のデンマーク系少数者保護宣言
1950.1.12	・シュレスヴィヒ・ホルシュタイン州となる（5.30州憲法）
1955.3.29	・ボン・コペンハーゲン宣言 　Bonn-Kopenhagener-Erklärungen vom 29.März 1955 　デンマーク，ドイツの国家間宣言→これによりおのおのの少数民族の位置と権利承認

人名索引

あ

アズブリー（総督）〔Asbury, William〕　104, 136-138, 167

アデナウアー（西ドイツ首相）〔Adenauer, Konrad Hermann Joseph 1876-1967〕　186

イエッセン（「デ」少数者）〔Jessen, Tage〕　43, 143

ヴォルミット〔Wormit〕　141, 143

エーダート〔Edert, Eduard Dr. 1880-1967〕　62, 176, 177

オルセン（「デ」少数者）〔Olsen, Hermann〕　44

オルドセン（「デ」少数者）〔Oldsen, Joh〕　44

か

ガイク〔Gayk, Andreas 1893-1954〕　28

カッツ（法相）〔Katz, Rudolf Dr. 1895-1961〕　85, 123

カルゼン〔Karsen, Fritz 1885-1951〕　i, 4, 5, 208

ククリンスキー（文相）〔Kuklinski, Wilhelm 1892-1963〕　73, 77, 85, 87, 89, 119

クラウゼン（「デ」少数者）〔Clausen, Hermann 1885-1962〕　43, 44, 93, 133, 136, 137, 139, 141, 143, 157, 167, 177

クリスチャンセン, E.（「デ」少数者）〔Christiansen, Ernst ?-1941〕　24

クリスチャンセン, W.（「デ」少数者）〔Christiansen, Wilhelm Ludwig〕　183

クリステンセン, K.（デンマーク首相）〔Kristensen, Knud〕　58, 59

クリステンセン, L. P.（「デ」）〔Christensen, Lorens Peter〕　136, 137, 141, 143, 150

ケーバー（内相）〔Käber, Wilhelm 1896-1987〕　72, 85, 101, 114, 123, 137, 153, 155, 161, 164, 165, 167, 196, 197

さ

シェンク（蔵相）〔Schenk, Richard, Dr.〕　73, 85-87, 101, 119, 123, 124, 126, 130, 133, 139, 140, 176, 196, 197

シュッパン〔Schuppan, Michael-Sören〕　5, 82, 83, 199

シュテルツァー（首相）〔Steltzer, Theodor 1885-1967〕　84, 87

シュトルム〔Storm, Theodor 1817-1888〕　14, 15

シュトレーゼマン（ドイツ外相）〔Stresemann, Gustav 1878-1929〕　49

シュレーダー（ドイツ首相）〔Schröder, Gerhard Fritz Kurt 1944-〕　202

た

タイヒャート〔Teichert, Friedrich, Dr.〕　85, 87

ダム（建設相）〔Damm, Walter 1904-1981〕　85, 119

チェトウィンド〔Chetwynd, Viscount Lord〕　105, 136-138, 140, 143, 150, 159, 165, 168

ディークマン（労相）〔Diekmann, Bruno 1897-1982〕　72, 85, 86, 101, 114, 133, 139, 140, 167, 178, 183, 196, 198

ティーゲゼン（「デ」少数者）〔Thygesen, Frants〕　45, 122, 139, 143, 167

ティッリシュ〔Tillisch, Fritz 1801-1889〕　14, 17

な

ニュダール（シュレスヴィヒ全権委員）〔Nydahl, Jens 1883-1967〕　ii, 1-10, 73, 76, 79, 81-85, 94, 100-103, 119, 124, 126, 130, 132, 133, 136, 137, 141, 143, 150, 153, 155-157, 173, 194, 197, 199

ネールガード（デンマーク首相）〔Neergaard,

Niels〕23

は
パウルゼン〔Paulsen, Wilhelm 1875-1943〕 i
ハッセル（首相）〔Hassel, Kai-Uwe von 1913-1997〕176
バルトラム（首相）〔Bartram, Walter Dr. 1893-1971〕198
ハンゼン（「デ」少数者）〔Hansen, Bernhard〕62, 143
ハンゼン（「デ」少数者）〔Hansen, Cornelius〕43, 45, 62, 139
ハンゼン（デンマーク外相）〔Hansen, H. G.〕187
ビエール〔Biehl, Hans-Hinrich〕55, 61
ビスマルク（プロイセン首相）〔Bismarck, Otto von 1815-1898〕12
フィンク〔Fink, Troels〕174, 193
ブール（デンマーク首相）〔Buhl, Vilhelm〕56
ブフホルツ〔Buchholz, Friedrich〕7-9, 151, 198
ブラウン（プロイセン首相）〔Braun, Otto 1872-1955〕55, 79
ブラント（西ドイツ首相）〔Brandt, Willy 1913-1992〕87
ブルーメ〔Blume, Wilhelm 1884-1970〕ii
ブルンス〔Bruns, Carl Georg, Dr. 1890-1931〕49
ベッカー（プロイセン文相）〔Becker, Carl Heinrich 1876-1933〕55
ヘドトフト（デンマーク首相）〔Hedtoft, Hans〕114, 184
ヘフケン〔Höflken, Martin 1960-〕76, 151, 171
ヘンダーソン〔Henderson, Lord〕74
ボイ・アンデルセン（「デ」少数者）〔Bøgh-Andersen, Niels〕43, 45

ま
マッキントッシュ〔McIntosh, Murdoch〕141, 158, 166
ミュトリング（州長官）〔Müthling, Hans〕85
ミュンホウ（「デ」少数者）〔Münchow, Samuel 1893-1976〕43, 44, 46, 133, 136, 137, 141, 157, 167, 172, 184
ムハンマド〔Muhammad 570?-632〕203
メラー（「デ」少数者）〔Møller, I. C.〕43
モンゴメリー（将軍）〔Montgomery, Bernard Law 1887-1976〕39, 132

や
ヨハンセン（「デ」少数者）〔Johannsen, Svend〕43

ら
ラウリッツェン州長官〔Lauritzen, Lauritz, Dr. 1910-1980〕73, 85, 86, 101, 124, 126, 130, 139, 155-157, 167
ラスムッセン, A.（デンマーク首相）〔Rasmussen, Andreas Fogh〕202
ラスムッセン, G.（デンマーク外相）〔Rasmussen, Gustav〕74, 75, 132
ラスムッセン, P.（デンマーク首相）〔Rasmussen, Poul Nyrup〕23
ラッデ〔Radde, Gerd 1924-〕4
リヒャート〔Richert, Hans 1869-1940〕ii, 5
リューデマン（首相）〔Lüdemann, Hermann 1880-1959〕37, 71, 72, 79, 81, 82, 84, 85, 89, 90, 100, 101, 122, 131, 132, 136, 139, 153, 197
リュプケ（首相）〔Lübke, Friedrich Wilhelm〕176
ルンディング（デンマーク連絡将校）〔Lunding, Hans Mathiesen〕121, 123, 133, 136-139, 141, 143, 158, 167

事項索引

あ

アイダー川　57, 115
アイダー・デーン党　13
アビトゥーア　68, 96-98, 185, 186, 192
アペンラーデ　3, 9, 20, 80
アメリカ占領軍　88
ウィーン講和条約（1866）　15
ヴェルサイユ条約（1919）　19
ヴェンストル党　58
英軍告知（1945.10.13.）　56
英軍政府書簡（1946.10.22）　61
英軍大綱（1947.5.23）　62
英国占領軍　56
欧州会議大綱条約（国内少数者の保護）　202

か

ガスタイン協定（1865）　15
学校田園寮　3, 221
北シュレスヴィヒ　9, 20, 117, 151, 191
北シュレスヴィヒ言語教育令（1888）　18
北の民主主義（論）　42, 59
北プログラム　176
ギムナジウム　96, 97
客観基準（主義）　48, 55, 59, 65, 67, 165, 197, 222
旧アイダー川線　65
教育行政思想　2, 202
教会　147
教会言語　17, 137
行政・裁判言語　17, 137
郷土同盟　72, 177
キール　9
キール会談（1949.3.29-7.7）　114, 121, 136
キール宣言（1949.9.26）　iv, 124, 133, 137, 164, 176, 179, 224
9月ノート　63, 132

苦情処理委員会　165, 172, 174
クラウゼン線　19, 20
ケーニヒス・アウ川　15
憲法（ボン基本法）　65, 137, 144, 174, 180, 189
公立学校（öffentliche Schule）　110, 149, 150
公立国民学校（öffentliche Volksschule）　129
国外追放者（Vertriebene）　29, 30
国籍　107
国民投票（1920）　20
国境州委員会　119
国境州協議会　119
国境州問題　154
国庫補助　52, 67-68, 109, 148, 150, 192
5％条項　186, 188, 192
コペンハーゲン議事録（1949.10.27）　184

さ

自己決定権　110
社会主義教員連合　4
社会民主党（SPD）　83, 85, 176
州（Provinz）　iii, 17, 76, 84, 224
10月ノート　63, 132
州長官　6, 76, 84
「自由な北方」論　42
自由表明主義（自由告白主義）　49, 55, 67, 114, 130, 165, 174, 201, 222
主観基準　53, 197, 222
授業言語　17, 107, 110
シュレスヴィヒ　102
シュレスヴィヒ協会（連合）　23, 57
シュレスヴィヒ公国　12
シュレスヴィヒ市　12
シュレスヴィヒ全権委員　4, 6, 76, 94, 99-103, 132, 164, 182, 194-198, 222

シュレスヴィヒ・ホルシュタイン学校規程
　（1947）　64, 74
シュレスヴィヒ・ホルシュタイン教育法
　（案）（1949）　75, 78, 96
シュレスヴィヒ・ホルシュタイン州憲法
　201
少数者学校規程（1926）　49
少数者学校規程（1928）　53
少数者学校法案（1949. 3. 3）　108, 142
職業学校　172
初等後学校　165
市立学校（städtische Schule）　142
私立学校　127, 129, 139, 149, 177
私立国民学校　108, 109
新教育　6
新教育運動（Reformpädagogik）　i, 2
神聖ローマ帝国　13
新デンマーク運動　24, 29, 39, 58, 61, 98, 139, 222
専門家会談　138, 143, 152, 157, 159
専門学校　172
相同性原則　66, 68, 96, 117, 121, 130, 132, 177
疎開者（Evakuierte）　30
ソビエト（ソ連）　4, 80, 81, 83, 88

た

大ベルリン　2
大ベルリン教育委員会　80
大ベルリン教育長　221
地方学務委員会　3
地方語・少数語憲章　202
ディースターヴェーク大学　5, 6, 173
デュボー学校　98
デンマーク教会・ユトランド　98
デンマーク系学校　108
デンマーク系公立学校　120
デンマーク系少数者　21, 22, 125, 160, 162, 168, 171, 178, 181, 182, 189, 190, 201, 222
デンマーク系民族グループ　108, 126, 145, 162, 168, 171
デンマーク心の住民　137, 168, 171
デンマーク心の住民部分　145, 160, 162, 164, 165
デンマーク（の）心の（を持った）少数者
　158, 167, 168
デンマーク語を授業言語とする学校（幼稚園）　52, 107, 110, 127, 129, 163, 190
デンマーク人団体　163
デンマーク文化の人々　145
デンマーク民族　145
ドイツ・オーストリア戦争（普墺戦争）
　（1866）　iii, 15, 17
ドイツ側対案　iv, 125, 137, 151, 155
ドイツ系学校　108
ドイツ国境州平和活動同盟（国境平和同盟）
　7, 198, 199, 223
ドイツ国境地方平和促進連盟議長（国境州長老）　4
ドイツ州教会　98
ドイツ・デンマーク戦争（1864）　iii, 17, 172
ドイツ連邦　13
ドイツ連邦共和国（西ドイツ）　77
独立学校　95, 96
トンデルン　3, 20, 79, 80, 220
トンデルンの師範学校　17, 80

な

ナチ（ナチス）　4, 23, 55, 56, 63, 80, 168, 177
NATO　186, 194
南部活動領域要求　115

は

ハンザ同盟都市　12, 79
非ナチ化　35
避難民（Flüchtlinge）　29, 30
避難民再移住　153, 154
福音派　ii, 5, 98

プラハ条約（1866）　15, 187
フリースランド語　107
フリースランド人（民族）　21, 137, 169, 170, 182, 183
フレンスブルク　12, 35, 97, 98, 146
プロイセン少数民族規程　145
ベルサイユ条約　19
ベルリン市教育長　80
北境交響楽団　198, 223
ポーランド系少数者学校制度規程　54
ポーランド語　17, 172
ホルシュタイン伯（公）国　12
本会談　138
ボン・コペンハーゲン宣言（1955.3.29）
　iv, 176, 184, 187-193, 222, 224

ま

南シュレスヴィヒ協会（SSV）　iii, 24, 58, 59, 115, 116, 132, 139, 142-144, 146, 167
南シュレスヴィヒ選挙人連盟（SSW）　24, 95, 116, 146
南シュレスヴィヒ分離要求　39, 132, 173

民衆大学　181, 192
民族　144
メモランダム（1949. 3. 3）　104, 105, 110, 143, 149

や

ヨーロッパ　77
ヨーロッパ人権条約　202
ヨーロッパ精神　202

ら

ラント（邦：Land）　76, 84
リューベック　79
労働者・兵士評議会（労兵評議会・レーテ）　82
ロンドン円卓会議（1948.10.18-10.23）　iv, 71-91, 132

わ

ワイマール革命　28, 81, 221
ワイマール憲法　146

[著者紹介]

小峰　総一郎（こみね　そういちろう）

1951年　埼玉県生まれ。東京大学大学院教育学研究科博士課程修了，博士（教育学）
現在　　中京大学教養部教授
著訳書　『ベルリン新教育の研究』（風間書房），『現代ドイツの実験学校』（明治図書〈世界新教育運動選書15〉），シュプランガー『ドイツ教育史』（明治図書，共訳）ほか

ドイツの中の《デンマーク人》
——ニュダールとデンマーク系少数者教育——

2007年3月30日　第1版第1刷発行

著者　小峰　総一郎

発行者　田　中　千津子

発行所　株式会社　学文社

〒153-0064 東京都目黒区下目黒3-6-1
電話　03（3715）1501㈹
FAX　03（3715）2012
http://www.gakubunsha.com

印刷／シナノ印刷

Ⓒ S. Komine 2007
乱丁・落丁の場合は本社でお取替します。
定価は売上カード，カバーに表示。

ISBN 978-4-7620-1673-8